Niki Habermann

KISHONs
schönste Geschichten für Kinder

Im Auftrag hergestellte Sonderausgabe

Lizenzausgabe mit freundlicher Genehmigung © by
LENTZ VERLAG in der F. A. Herbig Verlagsbuchhandlung GmbH München
Umschlag von Herbert Schiefer,
unter Verwendung einer Zeichnung von Friedrich Kohlsaat
Bilder von Friedrich Kohlsaat
Copyright © für diese Ausgabe by TOSA VERLAG, Wien
Printed in Austria

Wie Amir das Schlafengehen erlernte

Manche Kinder wollen um keinen Preis rechtzeitig schlafen gehen. Ganz anders als unser Amir! Er geht mit einer Regelmäßigkeit zu Bett, nach der man die Uhr einstellen kann: auf die Minute genau um halb neun am Abend. Und um sieben am Morgen steht er frisch und rosig auf, ganz wie's der Onkel Doktor will und wie es seinen Eltern Freude macht.

So gerne wir von der Folgsamkeit unseres Söhnchens und seinem rechtzeitigen Schlafengehen erzählen – ein kleiner Haken ist leider dabei: Es stimmt nicht. Wir lügen, wie alle Eltern. In Wahrheit geht Amir zwischen halb zwölf und viertel nach zwei schlafen. Das hängt vom Sternenhimmel ab und vom Fernsehprogramm. Am Morgen kriecht er auf allen vieren aus dem Bett, so müde ist er. An Sonn- und Feiertagen verläßt er das Bett überhaupt nicht.

Nun verhält es sich keineswegs so, daß der Kleine sich etwa weigern würde, der ärztlichen Empfehlung zu folgen und um halb neun schlafen zu gehen. Pünktlich zu dieser Stunde schlüpft er in seinen Schlafanzug, sagt „Gute Nacht, liebe Eltern!" und geht in sein Zimmer. Erst nach einer bestimmten Zeit - manchmal dauert es eine Minute, manchmal anderthalb - steht er wieder auf, um die Zähne zu putzen. Dann nimmt er ein Getränk zu sich, dann muß er Pipi machen, dann sieht er in seiner Schultasche nach, ob alles drinnen ist, trinkt wieder eine Kleinigkeit, meistens vor dem Fernsehapparat, plaudert anschließend mit dem Hund, macht noch einmal Pipi, beobachtet die Schnecken in unserem Garten, beobachtet das Fernsehprogramm und untersucht den Kühlschrank auf Süßigkeiten. So wird es viertel nach zwei und Schlafenszeit.

Natürlich geht diese Lebensweise nicht spurlos an ihm vorüber. Amit sieht ein wenig blaß, ja beinahe durchsichtig aus, und mit den großen Ringen um seine Augen ähnelt er bisweilen einem brillentragenden Gespenst. An heißen Tagen, so ließ uns sein Lehrer wissen, schläft er mitten im Unterricht ein und fällt unter die Bank. Der Lehrer erkundigte sich bei uns, wann Amir immer schlafen geht.

Wir antworteten: „Um halb neun. Auf die Minute."

Lange Zeit gab es uns zu denken, daß alle anderen Kinder unserer Nachbarschaft rechtzeitig schlafen gehen, zum Beispiel Gideon Landesmanns Töchterchen Avital. Gideon verlangt in seinem Hause strikten Gehorsam und eiserne Disziplin - er ist der Boß, daran gibt's nichts zu rütteln. Pünktlich um dreiviertel neun Uhr geht Avital schlafen, wir konnten das selbst feststellen, als wir unlängst bei Landesmanns zu Besuch waren. Um 20.44 Uhr warf

Gideon einen Blick auf die Uhr und sagte kurz, ruhig und unwidersprechlich: „Tally – Bett."

Keine Silbe mehr. Das genügte. Tally steht auf, sagt allseits Gute Nacht und trippelt in ihr Zimmerchen, ohne das kleinste Zeichen jugendlicher Auflehnung. Wir, die beste Ehefrau von allen und ich, schämten uns bei dem Gedanken, daß zur selben Stunde unser Sohn Amir in halbdunklen Räumen umherstreift. Wir schämten uns bis halb zwei Uhr früh. Um halb zwei Uhr früh öffnete sich die Tür, das folgsame Mädchen Avital erschien mit einem Stoß Zeitungen unterm Arm und fragte: „Wo sind die Wochenendbeilagen?"

Jetzt war es an Gideon, sich zu schämen. Und seit diesem Abend erzählen wir allen unseren Gästen, daß unsere Kinder pünktlich schlafen gehen.

Einmal erwischte ich Amir um halb drei Uhr früh in der Küche bei einer verbotenen Flasche Coca Cola.

„Warum schläfst du nicht, Sohn?" fragte ich.

Die einigermaßen überraschende Antwort lautete:

„Weil es mich langweilt."

Ich versuchte ihn eines Besseren zu belehren, führte zahlreiche Tiere an, die mit der Abenddämmerung einschlafen und mit der Morgendämmerung erwachen. Amir verwies mich auf das Gegenbeispiel der Eule, die er schon immer als Vorbild hätte, genauer gesagt: seit gestern. Ich erwog, ihm eine Tracht Prügel zu verabreichen, aber die beste Ehefrau von allen ließ das nicht zu; sie kann es nicht vertragen, wenn ich ihre Kinder schlage.

8

Also begnügte ich mich damit, ihn barschen Tons zum Schlafengehen aufzufordern. Amir ging und löste Kreuzworträtsel bis drei Uhr früh.

Wir wandten uns an einen Psychotherapeuten, der uns dringend nahelegte, die Wesensart des Kleinen nicht gewaltsam zu unterdrücken. „Überlassen Sie seine Entwicklung der Natur", riet uns der erfahrene Fachmann. Wir gaben der Natur die Chance, aber sie nahm sie nicht wahr. Als ich Amir kurz darauf um halb vier Uhr früh dabei antraf, wie er mit farbiger Kreide Luftschiffe an die Wand malte, verlor ich die Nerven und rief den weichherzigen Seelenarzt an. Am anderen Ende des Drahtes antwortete eine Kinderstimme: „Papi schläft."

Die Rettung kam während der Ferien. Sie kam nicht sofort. Am ersten schulfreien Tag blieb Amir bis 3.45 Uhr wach, am zweiten bis 4.20 Uhr.

Es wurde immer schlimmer und schlimmer. Amir schlief immer später und später ein. Die beste Ehefrau von allen wollte ihm eine Tracht Prügel verabreichen, aber ich ließ das nicht zu; ich kann es nicht vertragen, wenn sie meine Kinder schlägt.

Und dann, urplötzlich, hatte sie den erlösenden Einfall.

„Ephraim", sagte sie und setzte sich ruckartig im Bett auf, „wie spät ist es?".

„Zehn nach fünf", gähnte ich.

„Ephraim, wir müssen uns damit abfinden, daß wir Amir nicht auf eine normale Einschlafzeit zurückschrauben können. Wie wär's, und wir schrauben ihn nach vorn?"

9

So geschah's. Wir gaben Amirs umrandeten Augen jede Freiheit, ja wir ermunterten ihn, überhaupt nicht zu schlafen:

„Geh ins Bett, wenn du Lust hast. Das ist das Richtige für dich."

Unser Sohn machte mit und zwar mit folgendem Ergebnis: Am dritten Tag der Behandlung schlief er um halb sechs Uhr morgens ein und wachte um ein Uhr mittags auf.

Am achten Tag schlief er von zehn vor zehn Uhr morgens bis halb sieben Uhr abends.

Noch einige Tage später wurde es halb vier Uhr nachmittags, als er schlafen ging, und Mitternacht, als er erwachte.

Am siebzehnten Tag ging er um sechs Uhr abends schlafen und stand mit den Vögeln auf.

Und am letzten Tag der insgesamt dreiwöchigen Ferien hatte Amir sich eingeholt. Pünktlich um halb neun Uhr abends schlief er ein, pünktlich um sieben Uhr morgens wachte er auf. Und dabei ist es geblieben. Unser Sohn schläft so regelmäßig, daß man die Uhr nach ihm richten kann. Wir sagen das nicht ohne Stolz. Es ist allerdings auch möglich, daß wir lügen, wie alle Eltern.

Die Schlüssel im Klo

Zum Nachmittagstee kamen die Lustigs, die wir eingeladen hatten, und brachten ihren sechsjährigen Sohn Schragele mit, den wir nicht eingeladen hatten. Aber Schragele war ein netter, wohlerzogener Knabe, obwohl er uns ein wenig nervös machte, da er sich pausenlos in sämtlichen Räumen unseres Hauses herumtrieb.

Wir saßen mit seinen Eltern beim Tee und unterhielten uns über alles mögliche.

Plötzlich hörten wir, daß Schragele, nun ja, die Wasserspülung unserer Toilette in Betrieb setzte.

An sich wäre das nichts Außergewöhnliches gewesen. Warum soll ein gesundes Kind im Laufe eines Nachmittags nicht das Bedürfnis verspüren, auch einmal ... man versteht, was ich meine ... und warum soll es danach nicht die Wasserspülung ... wie gesagt: das ist nichts Außergewöhnliches.

Außergewöhnlich wurde es erst durch das Verhalten der Eltern.

Sie verstummten mitten im Satz, sie verfärbten sich, sie sprangen auf, sie schienen von plötzlichen Krämpfen befallen zu sein, und als Schragele in der Türe erschien, brüllten sie beide gleichzeitig: „Schragele – was war das?"

„Der Schlüssel zum Kleiderschrank vom Onkel", lautete die ruhig erteilte Auskunft des Knaben.

Frau Lustig packte ihn an der Hand, zog ihn unter heftigen Vorwürfen in die entfernteste Zimmerecke und ließ ihn dort mit dem Gesicht zur Wand stehen.

„Wir sprechen nur ungern darüber." Herr Lustig konnte dennoch nicht umhin, sein bekümmertes Vaterherz mit gedämpfter Stimme zu erleichtern. „Schragele ist ein ganz normales Kind – bis auf diese eine, merkwürdige Gewohnheit. Wenn er einen Schlüssel sieht, wird er von einem unwiderstehlichen Zwang befallen, ihn … Sie wissen schon … ins Klo zu werfen und hinunterzuspülen. Nur Schlüssel, nichts anderes. Immer nur Schlüssel. Alle unsere Versuche, ihm das abzugewöhnen, sind erfolglos geblieben. Wir wissen nicht mehr, was wir tun sollen. Freunde haben uns geraten, gar nichts zu unternehmen und das Kind einfach nicht zu beachten, dann würde es von selbst zur Vernunft kommen. Wir haben diesen Rat befolgt – mit dem Ergebnis, daß wir nach einiger Zeit keinen einzigen Schlüssel mehr im Haus hatten…"

„Komm einmal her, Schragele!" Ich rief den kleinen Tunichtgut zu mir. „Nun sag doch: warum wirfst du alle Schlüssel ins Klo?"

„Weiß nicht", antwortete Schragele achselzuckend. „Macht mir Freude."

13

Jetzt ergriff Frau Lustig das Wort:

„Wir haben sogar einen Kinderarzt konsultiert. Er verhörte Schragele zwei Stunden lang und bekam nichts aus ihm heraus. Dann fragte er uns, ob wir den Buben nicht vielleicht als Baby mit einem Schlüssel geschlagen hätten. Natürlich ein Blödsinn. Schon deshalb, weil ja ein Schlüssel für so etwas viel zu klein ist. Das sagten wir ihm auch. Er widersprach, und wir fingen an, darüber zu streiten. Mittendrin hörten wir plötzlich die Wasserspülung: Schragele hatte uns eingesperrt, und erst als nach stundenlangem Telefonieren ein Schlosser kam, konnten wir wieder hinaus. Der Kinderarzt erlitt einen Nervenzusammenbruch und mußte einen Arzt aufsuchen."

In diesem Augenblick erklang abermals das Rauschen der Spülung. Unsere Nachforschungen ergaben, daß der Schlüssel zum Hauseingang fehlte.

„Wie tief ist es bis in den Garten?" erkundigten sich die Lustigs.

„Höchstens anderthalb Meter", antwortete ich.

Die Lustigs verließen uns durch das Fenster und versprachen, einen Schlosser zu schicken.

Nachdenklich ging ich auf mein Zimmer. Nach einer Weile stand ich plötzlich auf, versperrte die Tür von außen, nahm den Schlüssel und spülte ihn die Klosettmuschel hinab.

Die Sache hat etwas für sich. Macht mir Freude.

Steaks für Franzi

Wir – die beste Ehefrau von allen, die drei Kinder und ich – nehmen unser Mittagessen jeden Samstag bei Martin & Maiglock ein, und jeden Samstag stellen sie fünf riesenhafte Steaks vor uns hin. Beim erstenmal glaubte ich noch an einen Irrtum oder an eine ausnahmsweise erfolgende Kundenwerbung. Aber es war, wie sich alsbald erwies, keine Ausnahme. Es war die Regel, und sie macht besonders den Kindern schwer zu schaffen. Verzweifelt starren sie auf ihre Teller, die nicht leer werden wollen:
„Mami, ich kann nicht mehr...“
Oder sie weinen stumm vor sich hin.
Und es ist ja wirklich zum Heulen, auch für die Erwachsenen. Denn die Steaks im Restaurant Martin & Maiglock sind besonders gut, und man wird ganz einfach trübsinnig bei dem Gedanken, daß man höchstens die Hälfte aufessen kann und die andere Hälfte zurücklassen muß.
Muß man?
„Warum nehmen wir den Rest nicht mit nach Hause?“ flüsterte

eines Samstags die beste Ehefrau von allen. „Mehr als genug für ein ausgiebiges Abendessen!"

Sie hatte recht. Es fragte sich nur, wie ihr hervorragender Plan zu verwirklichen wäre. Schließlich kann man sich nicht mit Händen voller Steaks aus einem dicht gefüllten Restaurant entfernen. Andererseits erinnere ich mich mit Schaudern an jene halbe Portion Hamburger, die ich einmal in eine Papierserviette eingewickelt und in meine hintere Hosentasche gesteckt hatte. Auf dem Heimweg tätigte ich einen kleinen Einkauf, wollte zahlen, griff nach meiner Geldbörse und zog eine unappetitliche, klebrige, senfdurchtränkte Breimasse hervor... Nein, dergleichen sollte mir nie wieder passieren. Keine Schmuggelversuche. Deshalb rief ich Herrn Maiglock an den Tisch:

„Hätten Sie wohl die Freundlichkeit, diese Überbleibsel einzupacken? Für unseren Hund!"

Während ich mich noch über meine Idee freute, daß ich Franzi, unsere Hündin, als Tarnung vorgeschoben hatte, kam Herr Maiglock aus der Küche zurück. In der Hand trug er einen gewaltigen Plastikbeutel, im Gesicht ein freundliches Lächeln:

„Ich hab' noch ein paar Knochen dazugetan", sagte er.

Es müssen mindestens 15 Pfund Elefantenknochen gewesen sein, vermehrt um allerlei Leber- und Nierengewächs und was sich sonst noch an Speiseresten in den Abfallkübeln des Restaurants Martin & Maiglock gefunden hatte.

Wir nahmen den Sack unter lebhaften Dankesbekundungen entgegen, leerten ihn zu Hause vor Franzi aus und flüchteten. Franzi

17

verzehrte den anrüchigen Inhalt mit großem Appetit. Nur die Steaks ließ sie stehen.

Am folgenden Wochenende, um einiges klüger geworden, wollte ich es besser machen:

„Herr Maiglock, bitte packen Sie das übriggebliebene Fleisch für unseren Hund ein. Aber geben Sie bitte nichts anderes dazu."

„Warum nichts anderes? erkundigte sich Herr Maiglock.

„In unserer Küche wimmelt es von Leckerbissen für Ihren vierbeinigen Liebling!"

Ich erklärte ihm die Sachlage:

„Unsere Franzi ist ein sehr verwöhntes Tier. Sie will nur Steaks haben. Nichts als Steaks. Vom Grill."

An dieser Stelle mischte sich vom Nebentisch her ein lockiger Gelehrtenkopf ins Gespräch:

„Sie machen einen schweren Fehler, mein Herr. Sie verpassen dem armen Tier eine denkbar ungeeignete Nahrung."

Der Lockenkopf gab sich als Tierarzt zu erkennen und setzte, meiner Proteste nicht achtend, seinen Vortrag laut hörbar fort:

„Das Ungesündeste für einen Hund ist gegrilltes oder gebratenes Fleisch. Wahrscheinlich wird Ihr Hund daraufhin nicht mehr wachsen. Zu welcher Rasse gehört er?"

„Es ist ein Zwergpudel", antwortete ich hämisch. „Und außerdem eine Hündin."

Damit kehrte ich meinem Quälgeist den Rücken und bat Herrn Maiglock, die Steaks, wenn er uns denn unbedingt noch etwas anderes mitgeben wollte, gesondert zu verpacken.

Alsbald brachte Herr Maiglock die sorgfältig in Zeitungspapier eingewickelten Steaks.

„Was soll das?" brüllte ich ihn an. „Haben Sie keinen Plastikbeutel?"

„Wozu?" fragte Herr Maiglock.

Ich schwieg. Wie sollte ich diesem Idioten begreiflich machen, daß ich keine Lust auf Steaks hatte, an denen noch die Reste einer Zeitung klebten?

Auf der Heimfahrt schleuderte ich das Zeitungspaket zum Wagenfenster hinaus.

Aber so leicht gebe ich nicht auf. Am nächsten Samstag erschienen wir mit unserem eigenen Plastikbeutel, und der lockenköpfige Tierarzt mußte in hilflosem Zorn mitansehen, wie wir das schädliche Material in einwandfrei sauberer Verpackung forttrugen.

Es reichte für drei Tage und drei Nächte. Wir hatten Steaks zum Abendessen, Steaks zum Mittagsmahl, Steaks zum Frühstück. Franzi lag daneben, beobachtete uns aufmerksam und verschmähte die ihr zugeworfenen Happen.

„Ephraim", seufzte die beste Ehefrau von allen, als wir am Samstag wieder bei Martin & Maiglock Platz nahmen, „Ephraim, ich kann keine Steaks mehr sehen, geschweige denn essen."

Sie sprach mir aus der Seele, die gute, aus der Seele und aus dem Magen. Auch die Kinder klatschten in die Hände, als wir Schnitzel bestellten. Und wir bestellten sie sicherheitshalber bei Herrn Martin.

Herr Maiglock ließ sich dadurch in keiner Weise beirren: Nach

vollzogener Mahlzeit brachte er einen prall mit Steakresten ge-
füllten Plastiksack angeschleppt. „Für Franzi!" sagte er.
Von da an hatten wir jeden Samstag das Problem, wie wir die
Fleischreste loswerden sollten. Man kann ja auf die Dauer nicht
durch die Stadt fahren und Fleischspuren hinter sich lassen.
Endlich hatte ich den erlösenden Einfall. Kaum saßen wir an
unserem Samstagmittagstisch, wandte ich mich mit trauriger
Miene und ebensolcher Stimme an Herrn Maiglock:
„Bitte keine Steaks mehr. Franzi ist tot."
In tiefem Mitgefühl drückte mir Herr Maiglock die Hand.
Am Nebentisch aber erhob sich der Hundefutterfachmann und
stieß einen empörten Schrei aus:
„Sehen Sie! Ich hatte Sie gewarnt! Jetzt haben Sie das arme Tier
umgebracht!"
Rafi, unser Ältester, murmelte etwas von einem Verkehrsunfall,
dem Franzi zum Opfer gefallen sei, aber das machte die Sache
nicht besser. Die Stimmung war gegen uns. Wir schlangen unsere
Mahlzeit hinunter und schlichen mit gesenkten Köpfen davon.
Auf dem Heimweg fühlten wir uns wie eine Bande von Mördern.
Wäre Franzi tot auf der Schwelle unseres Hauses gelegen – es
hätte uns nicht überrascht.
Zum Glück empfing sie uns mit fröhlichem Gebell, wie immer.
Es war alles in bester Ordnung.
Aber wir gingen nicht mehr zu Martin & Maiglock und lebten
friedlich dahin, unbeschwert von Steakproblemen jeglicher Art.
Es gibt ja auch noch andere Restaurants als Martin & Maiglock.

Der Hund, der Knöpfe fraß

An einem frostigen Morgen entdeckte ich in meinem damals noch sehr gepflegten Garten ein kleines Hündchen. Es war etwa fünf Uhr früh, eine Zeit, zu der die meisten Menschen noch schlafen. Draußen vor dem Fenster hörte ich ein leises, verzweifeltes Winseln. Ich zog die Vorhänge beiseite und blinzelte schlaftrunken hinaus. In der Mitte meines Gartens saß ein sehr kleiner Hund, der mit seinen sehr kleinen Pfoten ein Loch in den Rasen buddelte und das Gras abfraß. Das Hündchen war nicht nur sehr klein und sehr weiß, auch seine Rasse war unbestimmbar.

Ich zog die Vorhänge wieder zu und wollte mich ins warme Bett zurückziehen. Da aber wachte die beste Ehefrau von allen auf und fragte:

„Was ist los?"

„Ein junger Hund", antwortete ich mißmutig.

„Lebt er?"

„Ja."

„Dann laß ihn herein."

Ich öffnete die Terrassentür. Das sehr junge Hündchen trottete in unser Schlafzimmer und pinkelte auf den roten Teppich.

Ich mag es nicht, wenn jemand auf den Teppich pinkelt, deshalb packte ich den kleinen Hund und setzte ihn etwas unsanft wieder in den Garten. Meine stille Hoffnung war, daß sich irgend jemand um ihn kümmern würde.

Doch ich hatte mich getäuscht, es kam niemand. Vielmehr fing das Hündchen an, durchdringend zu jaulen und zu jammern, was zur Folge hatte, daß aus dem Nachbarhaus Frau Kaminski herbeieilte.

Sie war noch im Morgenrock, und was sie uns zu sagen hatte, war nicht besonders freundlich. Das änderte sich jedoch schlagartig, als ihr Blick auf die Ursache des morgendlichen Lärms fiel. Nun versuchte sie uns mit vielen Worten davon zu überzeugen, daß wir uns um den armen kleinen Hund kümmern müßten. Sie wies darauf hin, daß der Hund ein treues Tier sei; ja, er sei nicht nur treu, sondern auch besonders klug und reinlich.

„Der Hund ist der beste Freund des Menschen", erklärte sie uns.

„Wenn das so ist, Frau Kaminski", erlaubte ich mir einzuwerfen, „warum nehmen Sie den kleinen Hund dann nicht zu sich?"

„Ich bin nicht verrückt", antwortete sie, „ich habe schon genug Sorgen."

So kam es, daß das sehr kleine, sehr junge Hündchen bei uns blieb. Wir beriefen sofort den Familienrat ein und beschlossen, ihn Mischko zu taufen. Mischko fühlte sich bei uns bald zuhause, und alle hatten ihn gern. Er war leicht zu verköstigen, weil er alles

fraß, was in seine Reichweite kam. Vor allem aber fraß er Knöpfe und immer wieder Knöpfe. Auch liebte er es, kleine tote Mäuse aus dem Nachbargarten in unseren zu tragen. Er war sehr anhänglich und wedelte jedesmal mit seinem kurzen Schwänzchen vor Freude, wenn wir ihn riefen. Das allerdings nur unter der Voraussetzung, daß wir ein Stück Salami in der Hand hielten. Auch hatte ich ihm in erstaunlich kurzer Zeit beigebracht, meinen Befehlen zu gehorchen. Dafür einige Beispiele: „Sitz!"
Mischko spitzt die Ohren und leckt mir über das Gesicht.
„Spring!"
Mischko kratzt sich am Bauch.
„Gib Pfötchen!"
Mischko starrt mich an und rührt sich nicht.
Ich könnte noch eine Reihe weiterer Beispiele anführen, aus denen hervorgeht, daß Mischko kein blödsinnig dressierter Hund war, sondern daß er einen sehr starken eigenen Willen besaß.
Es war nur schade, daß er immer auf den roten Teppich pinkelte. Und er pinkelte ausschließlich auf den roten Teppich.
Warum? Ich weiß es nicht. Vielleicht ist er in einem Mohnfeld auf die Welt gekommen und muß deshalb immer pinkeln, sobald er einen roten Teppich sieht.
Ich wollte mich mit Mischkos Pinkelgewohnheiten nicht abfinden und begann deshalb ein wohldurchdachtes Erziehungsprogramm:
„Es ist verboten, auf den Teppich zu pinkeln", sagte ich langsam und deutlich zu ihm mit erhobenem Zeigefinger. „Verboten, hörst du? Pfui!"

25

Jedesmal, wenn Mischko wieder auf den Teppich pinkelte, wurde meine Stimme strenger. Hatte er aber sein Geschäft einmal irrtümlich im Ziergarten gemacht, überschüttete ich ihn mit Lob, Liebkosungen und Leckerbissen.

Wahrscheinlich zog Mischko aus meinem Verhalten den Schluß, daß diese zweibeinigen, bald wütenden, bald zärtlichen Geschöpfe sehr launisch waren. Wer kennt sich schon mit Erwachsenen aus? Da Mischko auf meine Erziehungsversuche überhaupt nicht reagierte, mußte ich mir etwas anderes einfallen lassen. Als erstes wollte ich ihn daran gewöhnen, nicht auf rote Teppiche zu pinkeln, sondern auf andersfarbige. Dann wollte ich ihn aus dem Haus locken, damit er sein Geschäft im Freien verrichtete; am liebsten im Nachbargarten.

Mit diesem Ziel vor Augen legte ich über unseren roten Teppich einen grauen. Als Belohnung setzte ich eine Bratwurst als Prämie aus.

Nach etwa zwei Wochen hatte sich Mischko an den grauen Teppich gewöhnt, ich konnte ihn wieder wegnehmen. Mischko, der gerade im Garten war, kam freudig bellend herbeigesaust und pinkelte auf den roten Teppich. Hunde sind bekanntlich sehr treu. Aber mein Vorrat an Erziehungsmaßnahmen war noch immer nicht erschöpft. Ich beschloß nun, seine Liebe zur Natur zu wecken, und kaufte eine lange grüne Leine, um mit ihm jede Nacht im nahegelegenen Park spazierenzugehen. Mischko hielt sich während der langen Spaziergänge zurück. Erst kurz vor unserem Haus wurde er unruhig. Und kaum hatte ich die Tür geöffnet,

26

sprang er mit einem Satz ins Schlafzimmer, auf den roten Teppich und verrichtete sein Geschäftchen.

Ich wurde immer unruhiger. Was sollte ich nur tun?

Da kam mir Frau Kaminski zu Hilfe. Wieder einmal war sie mit einigen Knochen für den Hund herübergekommen. Verzweifelt erzählte ich ihr von Mischkos Schwierigkeiten. Da bekam ich folgendes zu hören:

„Sie haben den Hund schlecht erzogen, weil Sie nicht wissen, wie man mit Hunden umgeht. Sie müssen jedesmal, wenn er auf den roten Teppich pinkelt, seine Schnauze hineinstecken, ihm einen Klaps geben und ihn zum Fenster hinauswerfen. So macht man das."

Obwohl ich kein Freund von körperlichen Strafen bin, handelte ich entsprechend Frau Kaminskis Anweisungen. Mischko kam, sah und pinkelte. Ich steckte seine Schnauze hinein, gab ihm einen Klaps und warf ihn aus dem Fenster. Diese Prozedur wiederholte sich mehrmals am Tag, aber ich ließ nicht locker. Ich hatte mir fest vorgenommen, Mischko seine schlechten Pinkelsitten abzugewöhnen.

Langsam, sehr langsam begann sich meine Geduld bezahlt zu machen. Er hatte sich einiges gemerkt und manches abgewöhnt, stellte ich nicht ohne Genugtuung fest.

Sicher, Mischko pinkelt noch immer auf den Teppich. Aber nachher springt er jetzt immer ganz von selbst aus dem Fenster, ohne die geringste Hilfe von meiner Seite, und wartet draußen auf mein Lob und meine Leckerbissen. Immerhin ein kleiner Erfolg.

Wer nicht fragt, lernt nichts

Es ist wichtig, daß die Kinder Vertrauen zu ihren Eltern haben. Und sie müssen davon überzeugt sein, daß Vater und Mutter alles wissen.

Letzthin wollte mich mein Sohn Amir wieder einmal auf die Probe stellen. Er stand vor meinem Schreibtisch. In der einen Hand hielt er das farbige Album „Die Wunder der Welt", in der anderen den Klebstoff, mit dem er die Bilder in die betreffenden Quadrate einkleben wollte.

„Papi", fragte er, „stimmt es, daß sich die Erde um die Sonne dreht?"

„Ja", antwortete ich, „natürlich."

„Und woher weißt du das?" fragte er weiter.

„Jeder Mensch weiß das", erklärte ich ihm geduldig. „Das lernt man in der Schule."

„Und was hast du darüber in der Schule gelernt", bohrte Amir weiter.

Da hatte ich es nun. Mir fiel beim besten Willen keine passende

Antwort ein. Das einzige, woran ich mich noch aus meiner Schulzeit erinnerte, war, daß unser Physiklehrer immer eine Krawatte mit blauen Tupfen trug und daß er minutenlang ohne Pause reden konnte. Außerdem hatte er schadhafte Zähne. Seine obere Zahnreihe stand etwas vor, wir nannten ihn deswegen Pferd.

„Also, woher weißt du das", fragte Amir beharrlich weiter.

„Frag nicht so dumm", antwortete ich ihm. „Es gibt unzählige Beweise dafür. Würde sich die Sonne um die Erde drehen, dann hieße es nicht Sonnensystem, sondern Erdensystem."

Ich wischte mir den Schweiß von der Stirn.

Amir dagegen schien keineswegs von meiner Antwort überzeugt.

Ich mußte ihm also eindrucksvollere Beweise liefern.

Daher griff ich nach einem weißen Radiergummi und hielt ihn hoch.

„Schau her, Amir. Nehmen wir an, das ist der Mond, und die Schachtel mit den Reißnägeln ist die Erde. Die Schreibtischlampe bleibt stehen, sie ist die Sonne. Mit dem Radiergummi und den Reißnägeln kreise ich jetzt langsam um die Sonne ... Siehst du den Schatten? Wenn der Radiergummi gerade in der Mitte der Bahn ist, dann liegt die Schachtel mit den Reißnägeln im Schatten."

„So?" Die Stimme meines Sohnes klingt zweifelnd. „Die Schachtel liegt aber auch im Schatten, wenn du die Lampe hin und her drehst und die Schachtel auf dem Tisch liegen bleibt."

Man sollte nicht glauben, wie dumm ein Kind manchmal fragen kann.

„Konzentrier dich gefälligst", fahre ich Amir an. „Du willst nicht verstehen, was ich meine!"

Da fällt mir die Schachtel mit den Reißnägeln aus der Hand. Ich bücke mich, um die überall verstreuten Nägel wieder aufzusammeln. Dabei fällt mein Blick auf Amirs Socken, die wie immer bis zu den Schuhen herunterhängen.

„Du siehst wieder wie ein Landstreicher aus", bemerke ich tadelnd.

Während ich mich weiter mit den am Boden liegenden Reißnägeln befasse, versuche ich, mich krampfhaft daran zu erinnern, wie das mit der Sonne und der Erde wirklich ist.

Da mir nichts einfällt, schicke ich Amir aus dem Zimmer und empfehle ihm, über seine dumme Frage selbst nachzudenken. Amir geht beleidigt.

Kaum ist er draußen, stürze ich zum Lexikon und beginne fieberhaft, nach einem einschlägigen Himmelsforscher zu blättern ... Ko ... Kopenhage ... Kopernikus, Nikolaus, deutscher Astronom. Eine halbe Seite ist ihm gewidmet, aber über die Erddrehung steht nichts da. Überhaupt nichts. Offenbar haben die Herausgeber des Lexikons ihr Schulwissen ebenso vergessen wie ich.

Ich gehe in das Zimmer meines Sohnes. Behutsam lege ich ihm meine Hand auf den Kopf und frage ihn, wie es ihm geht.

„Du hast überhaupt keine Ahnung von Astronomie, Papi, stimmt's?" sagt er zu mir.

Höre ich recht? Ich sollte keine Ahnung haben? Wie unverschämt diese Kinder heutzutage doch sind.

„Und sie bewegt sich doch", erkläre ich nachdrücklich. „Das hat Galileo Galilei vor seinen Richtern gesagt. Kapierst du wenigstens das?"

„In Ordnung", antwortet Amir. „Sie bewegt sich. Aber wieso um die Sonne?"

„Um was denn sonst? Vielleicht um deine Großmutter?"

Kalter Schweiß stand auf meiner Stirn. Mein väterliches Ansehen schien immer mehr ins Wanken zu geraten.

„Das Telefon." Ich renne aus der Tür und in mein Zimmer, wo es in Wirklichkeit gar nicht geläutet hatte. Verzweifelt wähle ich die Nummer meines Freundes Bruno, er ist Biochemiker oder so etwas ähnliches und müßte es eigentlich wissen.

„Bruno", flüstere ich in die Muschel. „Woher wissen wir, daß sich die Erde um die Sonne dreht?"

Sekundenlang war es am anderen Ende der Leitung still. Dann höre ich Brunos gleichfalls flüsternde Stimme. Er fragt mich, warum ich flüstere. Ich antworte ihm, daß ich heiser bin und wiederhole meine Frage nach der Erddrehung.

„Ach, das haben wir doch in der Schule gelernt", stotterte der Biochemiker. „Wenn ich nicht irre, wird es durch die vier Jahreszeiten bestimmt ... besonders durch den Sommer ..."

„Eine schöne Auskunft gibst du mir da", zische ich ins Telefon. „Auf Wiedersehen."

Als nächstes versuche ich es bei meiner Freundin Dolly. Sie hatte einmal Jura studiert und könnte von damals noch etwas wissen.

33

Dolly erinnert sich auch wirklich an das entsprechende Experiment aus dem Physikunterricht. Doch was das alles bedeuten sollte, konnte sie mir auch nicht erklären.

Mühsam schleppe ich mich an meinen Schreibtisch zurück.

„Papi!" Amir steht schon wieder da. „Also bitte, was dreht sich?"

Ich bin müde, mein Kopf tut weh. Man sollte nicht gegen seine eigenen Kinder kämpfen.

„Alles dreht sich", murmele ich. „Was geht es dich an?"

„Du meinst, die Sonne dreht sich?"

„Darüber streiten sich die Gelehrten. Heutzutage ist alles möglich. Und nun gib Ruhe und zieh dir endlich die Socken hinauf."

Ermattet sinkt mein Kopf auf den Schreibtisch. Ich gebe auf. Vielleicht dreht sich die Sonne wirklich und die Lehrer haben es nur nicht gewußt?

Der quergestreifte Kaugummi

Wir hatten uns zu einer Erholungsreise entschlossen, meine Frau und ich, und machten uns an die Ausarbeitung eines genauen Reiseplans. Alles klappte, nur ein einziges Problem blieb offen: Was sollen wir den Kindern sagen? Nun, Rafi ist schon ein großer Junge, mit dem man vernünftig reden kann. Er begreift, daß Mami und Papi von der Königin von England eingeladen wurden, und daß man eine solche Einladung nicht ablehnen darf. Das ging also in Ordnung. Aber was machen wir mit Amir? Er ist noch so klein und möchte uns am liebsten dauernd um sich haben.

Ich besprach das Problem beim Mittagessen mit meiner Frau, und wir beschlossen, offen mit Amir zu reden.

„Weißt du, Amirlein", begann meine Frau, „es gibt so hohe Berge in –"

„Nicht wegfahren!" Amir stieß einen schrillen Schrei aus. „Mami, Papi nicht wegfahren! Amir nicht allein lassen!"

Tränen strömten über seine zarten Wangen.

„Wir fahren nicht weg!"

Beinahe gleichzeitig sprachen wir es aus, gefaßt, tröstend, endgültig.

Damit schien das Problem gelöst.

Doch am nächsten Morgen beschlossen wir, trotzdem zu fahren. Wir lieben unseren Sohn Amir, aber wir lieben auch Auslandsreisen sehr. Und wir wollten uns von dem Kind nicht um jedes Vergnügen bringen lassen.

Wir wandten uns an einige Leute aus unserem Bekanntenkreis, die viel von Kindern verstehen. Diese gaben uns den Rat, Amir von unserer Reise zu erzählen. Auf keinen Fall sollten wir heimlich die Koffer packen und abfahren.

Zu Hause angekommen, holten wir die beiden großen Koffer vom Dachboden, klappten sie auf und riefen Amir ins Zimmer.

„Amir", sagte ich mit klarer, kräftiger Stimme, „Mami und Papi –"

„Nicht wegfahren!" brüllte Amir. „Amir nicht ohne Mami und Papi lassen! Nicht wegfahren!"

Amir klammerte sich an mich und schluchzte laut.

Wir waren selbst nahe daran, in Tränen auszubrechen. Was hatten wir da angerichtet, um Himmels willen?

„Steh nicht herum wie ein Idiot!" ermahnte mich meine Frau. „Bring ihm einen Kaugummi!"

Amirs Schluchzen hörte sofort auf.

„Kaugummi? Papi bringt Amir Kaugummi aus Europa?"

„Ja, mein Liebling, ja, natürlich. Kaugummi. Viel, viel Kaugummi. Mit Streifen!"

Amir strahlte übers ganze Gesicht:

„Kaugummi mit Streifen, Kaugummi mit Streifen! Papi wegfahren! Amir Kaugummi aus Europa holen! Ganz viel Kaugummi mit Streifen. Papi schnell wegfahren!"
Amir hüpfte durchs Zimmer und klatschte in die Hände:
„Papi wegfahren! Mami wegfahren! Beide wegfahren! Schnell, schnell! Warum Papi noch hier? Warum, warum…"
Er fing wieder an zu weinen.
„Wir fahren ja, Amir, mein Liebling", beruhigte ich ihn. „Wir fahren sehr bald."
„Nicht bald! Papi und Mami jetzt gleich wegfahren!"
Und aus diesem Grund fuhren wir ein paar Tage früher ab, als wir geplant hatten.

In Rom bestiegen wir das Flugzeug, um nach Hause zu fliegen. Uns war seltsam unbehaglich zumute. Wir hatten irgend etwas vergessen. Was war es denn nur? Was, um Himmels willen…
„Ich hab's!" rief meine Frau plötzlich. „Der gestreifte Kaugummi. Wir haben den gestreiften Kaugummi vergessen!"
Ich erschrak und versuchte, meine Frau zu trösten, der es ähnlich ergangen war.
„Vielleicht", stotterte ich, „vielleicht erinnert sich Amir nicht mehr…" Aber daran glaubte ich selbst nicht.
Während der kurzen Zwischenlandung in Athen liefen wir von Kiosk zu Kiosk, um Kaugummi zu kaufen. Aber es gab keinen. Das einzige, was man uns für ein Kind in Amirs Alter anbot, war eine zwei Meter große Stoffgiraffe. Wir nahmen sie mit.

38

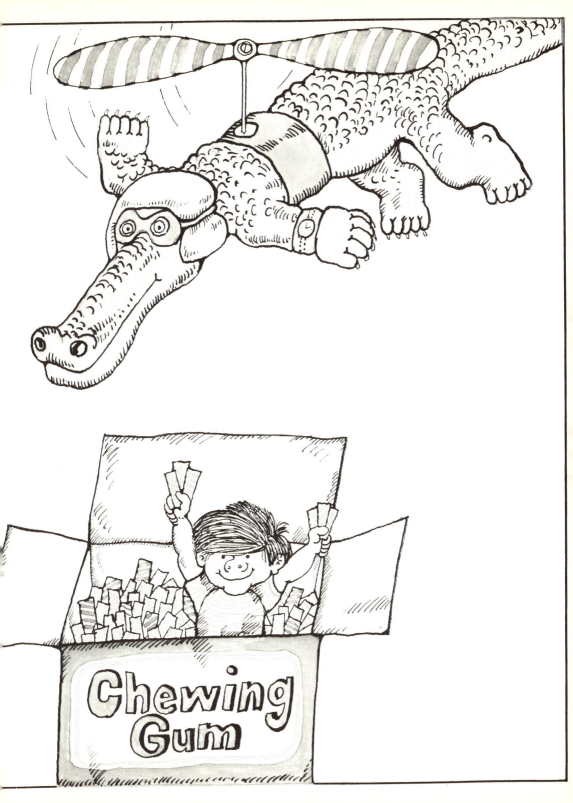

Zwei Stunden später landeten wir auf dem Flughafen von Tel Aviv. Als wir von fern unsere beiden Söhne erspähten, die uns hinter der Sperre erwartungsvoll entgegenschauten, wurden wir nervös. Mit Rafi würde es keine Schwierigkeiten geben, er war schon ziemlich vernünftig. Aber wie stand es mit Amir?

Wir hoben ihn hoch, umarmten ihn, stellten ihn behutsam wieder auf den Boden. Und während ihm seine Mutter vorsorglich über die Locken strich, fragte ich ihn:

„Na? Haben wir dir die Stoffgiraffe mitgebracht oder nicht?"

Amir gab keine Antwort. Er schaute zuerst die Giraffe an, dann uns. Es schien, als wären wir ihm völlig fremd, als hätte er uns vergessen. Im Auto saß er stumm auf den Knien seiner Großmutter und starrte vor sich hin. Erst als wir uns unserer Wohnung näherten, fragte er: „Wo ist der Kaugummi?"

Ich brachte kein Wort heraus. Auch meine Frau seufzte nur leise. Dann faßte sie Mut und sagte beruhigend:

„Der Onkel Doktor…weißt du, Amirlein…der Onkel Doktor sagt, gestreifter Kaugummi ist schlecht fürs Bauchi…ungesund, weißt du…"

Amirs Antwort erfolgte so plötzlich und in einer solchen Lautstärke, daß der Taxifahrer das Steuer verriß.

„Onkel Doktor blöd, Onkel Doktor ekelhaft!" brüllte Amir. „Papi und Mami pfui! Amir will Kaugummi haben. Gestreiften Kaugummi."

Jetzt mischte sich die liebe Oma ein: „Wirklich, warum habt ihr dem Kind keinen Kaugummi mitgebracht?"

40

Nach diesen Worten schrie Amir noch lauter.

Zu Hause angekommen, fragte ich ihn:

„Na, Amir, mein Sohn? Womit werden wir denn die Giraffe füttern?"

„Mit Kaugummi", antwortete Amir, „mit gestreiftem Kaugummi."

Ich beschloß, es anders zu versuchen und Amir die Wahrheit zu sagen. Ich wollte ihm gestehen, daß wir den Kaugummi vergessen hatten, ganz einfach vergessen.

„Papi hatte auf dieser Reise sehr viel zu tun, und er hatte keine Zeit, Kaugummi zu kaufen", begann ich.

Amirs Gesicht verfärbte sich. Um zu verhindern, daß er wieder zu brüllen anfing, erzählte ich ihm:

„Aber die Königin von England hat mir fünf Kilo Kaugummi für dich mitgegeben. Sie stehen im Keller. Gestreifter Kaugummi für Amir in einem gestreiften Karton. Aber du darfst nicht hinuntergehen, hörst du? Sonst kommen Krokodile und fressen dich auf. Krokodile sind ganz verrückt nach Kaugummi. Wenn sie erfahren, daß in unserem Keller so viel Kaugummi liegt, fliegen sie sofort los – moderne Krokodile haben Propeller, weißt du – und suchen unseren Keller. Dann kommen sie ins Kinderzimmer und schnappen nach dir. Willst du, daß Krokodile in unser Haus kommen?"

„Ja!" jauchzte Amir. „Gestreifte Krokodile. Wo sind die Krokodile? Wo?"

Mir fiel keine neue Geschichte mehr ein, um Amir zu beruhigen. Zum Glück kam gerade meine Frau aus dem Nachbarhaus zurück,

41

wo sie vergebens um Kaugummi gebettelt hatte. Auch alle Geschäfte waren bereits geschlossen.

Amir brüllt von neuem los, und wir wissen nicht, wie wir ihn beruhigen sollen. Da geht die Großmutter in den benachbarten Kaufladen und weckt den Inhaber. Dieser führt aber keinen gestreiften Kaugummi, sondern nur ganz gewöhnlichen. Ich verschwinde mit dem gewöhnlichen Kaugummi in der Küche, um mit Wasserfarben die erforderlichen Streifen aufzumalen. Die Wasserfarben halten nicht und laufen vom Kaugummi herunter. In unserer Wohnung herrscht ein heilloses Durcheinander. Die Kinder schreien, im Nebenzimmer explodiert ein Luftballon mit lautem Knall und die Großmutter telefoniert bereits mit dem Arzt. Amir erscheint heulend in der Küche:

„Papi hat Amir Kaugummi versprochen! Kaugummi mit Streifen!" Jetzt habe ich genug. Ich weiß nicht, was plötzlich in mich gefahren ist – aber im nächsten Augenblick werfe ich den Kasten mit den Wasserfarben an die Wand und brülle: „Ich habe keinen gestreiften Kaugummi, und ich werde auch keinen haben! Zum Teufel mit den verdammten Streifen! Noch ein Wort, und ich haue dir ein paar herunter! Hinaus! Schluß mit dem Theater!"

Meine Frau und die Großmutter sind in Ohnmacht gefallen. Auch ich selbst bin von meinen eigenen Worten erschrocken. Wird der kleine Amir diesen Schock jemals überwinden?

Es scheint so. Amir hat nach dem angemalten Kaugummi gegriffen, steckt ihn in den Mund und kaut genießerisch.

„Mhm. Schmeckt fein. Guter Kaugummi. Streifen pfui."

Auch die Waschmaschine ist nur ein Mensch

Eines Tages teilte mir die beste Ehefrau von allen mit, daß wir eine neue Waschmaschine brauchten. Die alte war vor kurzem kaputt gegangen.

„Geh hin", sagte ich zu meiner Frau, „geh hin und kaufe eine neue Waschmaschine. Aber kaufe bitte wirklich nur eine einzige und nimm eine, die in Israel hergestellt wurde."

Die beste Ehefrau von allen ist auch eine der besten Einkäuferinnen, die ich kenne. Schon am nächsten Tag stand in unserer Küche, fröhlich summend, eine original hebräische Waschmaschine, blank poliert, mit glänzenden Bedienungsknöpfen, einer langen Kabelschnur und einer ausführlichen Gebrauchsanweisung. Unser Zauberwaschmaschinchen besorgte alles von selbst: Schäumen, Waschen, Trocknen.

Am Mittag des zweiten Tages betrat die beste Ehefrau von allen mein Arbeitszimmer ohne anzuklopfen. Das ist immer ein schlechtes Zeichen. Sie sagte:

„Ephraim, unsere Waschmaschine wandert."

Ich folgte ihr in die Küche. Tatsächlich: Der Apparat schleuderte gerade die Wäsche und wanderte dabei durch den Raum. Wir konnten den kleinen Ausreißer gerade noch aufhalten, als er die Schwelle überschreiten wollte. Durch einen Druck auf den grellroten Alarmknopf blieb er stehen. Wir überlegten, was wir tun könnten.

Beim nächsten Waschen zeigte es sich, daß die Maschine nur dann ihren Standort veränderte, wenn sich die Trommel der Trockenschleuder schnell zu drehen begann. Zuerst lief ein Zittern durch die ganze Maschine – und gleich darauf begann sie, wie von einem geheimnisvollen inneren Drang getrieben, hopphopp daraufloszumarschieren.

„Na schön", meinte ich, „warum nicht. Unser Haus ist schließlich kein Gefängnis, und wenn das Maschinchen marschieren will, dann soll es."

In einer der nächsten Nächte weckte uns ein kreischendes Geräusch. Aus Richtung Küche klang es, als würde Metall zerdrückt. Wir stürzten hinaus: Das Dreirad unseres Sohnes Amir lag zerschmettert unter der Maschine, die sich in irrem Tempo um ihre eigene Achse drehte. Amir stand heulend daneben und schlug mit beiden Fäusten auf den Dreiradmörder ein:

„Pfui, schlimmer Jonathan! Pfui!"

Erklärend muß ich hier hinzufügen, daß wir unsere Waschmaschine Jonathan getauft hatten.

„Jetzt reicht es aber", meinte meine Frau, „ich werde Jonathan fesseln."

Sie holte einen Strick und band das eine Ende um die Wasserleitung, das andere wand sie mehrmals um Jonathan.

Ich hatte dabei ein schlechtes Gefühl, hütete mich jedoch, etwas zu sagen. Jonathan gehörte zum Arbeitsbereich meiner Frau, und ich konnte ihr das Recht, ihn anzubinden, nicht streitig machen.

Dabei will ich aber nicht verbergen, daß es mich am nächsten Tag mit Schadenfreude erfüllte, als wir Jonathan an der gegenüberliegenden Wand stehen sahen. Er hatte offenbar alle seine Kräfte angespannt, um den Strick zu zerreißen.

Seine Vorgesetzte fesselte ihn zähneknirschend von neuem. Diesmal nahm sie einen längeren und dickeren Strick, dessen Ende sie um den Heißwasserspeicher band.

Das ohrenbetäubende Splittern, das wir bald darauf hörten, werde ich nie vergessen.

„Er zieht den Speicher hinter sich her!" flüsterte die entsetzte Küchenchefin, als wir am Tatort angelangt waren.

Das ausströmende Gas veranlaßte uns, auf künftige Fesselungen zu verzichten ... Jonathans Abneigung gegen Stricke war offensichtlich, und wir ließen ihn deshalb in Zukunft ohne Behinderung seinen Waschgeschäften nachgehen. Irgendwie leuchtete es uns ein, daß er über einen unbändigen Freiheitswillen verfügte.

An einem Samstagabend dann, an dem uns Freunde zum Essen besuchten, drang Jonathan ins Speisezimmer ein.

„Hinaus mit dir!" rief meine Frau ihm zu. „Marsch hinaus! Du weißt doch, wo du hingehörst!"

Das war natürlich lächerlich, so weit reichte Jonathans Verstand wieder nicht. Jedenfalls schien es mir sicherer, ihn durch einen raschen Druck auf den Alarmknopf zum Stehen zu bringen.

Als unsere Gäste gegangen waren, startete ich Jonathan, um ihn auf seinen Platz zurückzuführen. Aber er schien uns die schlechte Behandlung von vorhin übel zu nehmen und weigerte sich. Wir mußten ihn erst mit einigen Wäschestücken füttern, ehe er sich auf den Weg machte...

Amir hatte sein kaputtes Dreirad vergessen und allmählich Freundschaft mit Jonathan geschlossen. Bei jedem Waschen stieg er auf ihn und ritt unter fröhlichen „Hü-hott"-Rufen durch die Küche. Wir waren alle zufrieden. Jonathans Waschqualitäten blieben die alten, wir konnten uns nicht beklagen.

Einmal aber bekam ich einen argen Schrecken, als ich eines Abends, bei meiner Heimkehr, Jonathan mit gewaltigen Drehsprüngen auf mich zukommen sah. Ein paar Minuten später, und er hätte die Straße erreicht.

Ich beschloß, einen Fachmann um Rat zu fragen. Er war über meinen Bericht in keiner Weise erstaunt.

„Ja, das kennen wir", sagte er. „Wenn sie schleudern, kommen sie gern ins Laufen. Meistens geschieht das, weil sie zu wenig Wäsche in der Trommel haben. Geben Sie Jonathan mindestens vier Kilo Wäsche, und er wird brav an seinem Platz stehen bleiben." Meine Frau wartete im Garten auf mich. Als ich ihr erklärte, daß es der Mangel an Schmutzwäsche war, der Jonathan zu seinen Wanderungen trieb, erbleichte sie:

47

„Großer Gott! Gerade habe ich ihm zwei Kilo Wäsche gegeben. Das ist um die Hälfte zu wenig!"

Wir sausten in die Küche und blieben wie angewurzelt stehen: Jonathan war verschwunden. Mitsamt dem Kabel.

Als wir zur Straße hinausstürzten, riefen wir, so laut wir konnten, seinen Namen:

„Jonathan! Jonathan!"

Keine Spur von Jonathan.

Ich rannte von Haus zu Haus und fragte unsere Nachbarn, ob sie nicht vielleicht eine Waschmaschine gesehen hätten. Alle antworteten mit bedauerndem Kopfschütteln.

Nach langer, vergeblicher Suche machte ich mich niedergeschlagen auf den Heimweg. Wer weiß, vielleicht hatte in der Zwischenzeit ein Autobus den armen Kleinen überfahren...

„Er ist hier!" Mit diesem Jubelruf begrüßte mich die beste Ehefrau von allen. „Er ist zurückgekommen!"

Das war natürlich wieder einmal leicht übertrieben, denn die Sache war so passiert: In einem unbewachten Augenblick war der kleine Dummkopf in den Korridor hinausgehoppelt und auf die Kellertüre zu. Dort wäre er unweigerlich zu Fall gekommen, wäre nicht im letzten Augenblick der Stecker aus dem Kontakt gerissen.

„Wir dürfen ihn nie mehr vernachlässigen!" entschied meine Frau. „Zieh sofort deine Unterwäsche aus! Alles!"

Seit diesem Tag wird Jonathan so lange mit Wäsche vollgestopft, bis er mindestens viereinhalb Kilo in sich hat. Und damit kann er natürlich keine Ausflüge mehr machen. Er kann kaum noch

48

atmen, und es kostet ihn ziemlich viel Mühe, seine zum Platzen gefüllte Trommel in Bewegung zu setzen. Armer Kerl. Es ist eine Schande, was man ihm antut.

Gestern hielt ich es nicht mehr aus. Als ich allein im Haus war, schlich ich zu Jonathan und erleichterte sein Inneres um gute zwei Kilo. Sofort begann es in ihm unternehmungslustig zu zucken, und nach einer kleinen Weile war es soweit: Er machte sich, noch ein wenig ungelenk hüpfend, auf den Weg zu der hübschen italienischen Waschmaschine im gegenüberliegenden Haus. Er brummte und rumpelte dabei männlich und tatendurstig, wie in der guten alten Zeit.

„Geh nur, Jonathan." Ich streichelte sein Gehäuse. „Los."
Was zur Freiheit geboren ist, soll man nicht festbinden.

Ein Schnuller mit dem Namen Zezi

Obwohl Renana schon längst kein Baby mehr ist, will sie noch immer nicht vom Schnuller lassen. Das hält uns jede Nacht wach, um so wacher, als Renana nicht am Schnuller im allgemeinen hängt, sondern an einem besonderen Schnuller mit dem Namen Zezi. Zezi schaut genauso aus wie jeder andere Schnuller, aber unser rothaariges Töchterchen weigert sich, einen anderen Schnuller auch nur anzurühren.

„Zezi!" ruft sie, „Zezi!" schreit sie, „Zezi!" brüllt sie. Und noch einmal „Zezi!"

Schon nach dem ersten „Zezi!" geht die gesamte Familie in die Knie und sucht auf allen vieren nach dem gewünschten Zezi. Wenn Zezi endlich gefunden ist, beruhigt sich Renana in Sekundenschnelle und lutscht gemütlich an Zezis gelbem Mundstück, umlagert von ihrer völlig erschöpften Familie.

Mit Zezi ist alles in Ordnung, ohne Zezi bricht die Hölle los. Wenn wir uns einmal dazu aufraffen, den Abend anderswo zu verbringen, verfällt die beste Ehefrau von allen beim geringsten

50

Telefonsignal in ängstliches Zittern: Sicherlich ruft jetzt der Babysitter an, um uns mitzuteilen, daß Zezi unauffindbar und Renanas Gesicht bereits purpurrot angelaufen ist. In solchen Fällen werfen wir uns sofort ins Auto, sausen mit Schallgeschwindigkeit heimwärts – und müssen den Babysitter dann meistens unter vielen umgestürzten Möbelstücken hervorziehen.

Was etwa geschehen würde, wenn Zezi endgültig verlorenginge, wagen wir nicht zu bedenken.

Nur überlegen wir uns dauernd, wieso Renana weiß, daß Zezi Zezi ist.

Eines Nachmittags, während Renana schlief, eilte ich mit dem geheiligten Schnuller in die Apotheke, wo wir ihn gekauft hatten, und verlangte ein genau gleiches Exemplar, gleiche Farbe, gleiche Größe, gleiches Herstellungsjahr. Ich erhielt ein perfektes, von Zezi in keiner Weise unterscheidbares Gegenstück, eilte nach Hause und überreichte es Renana.

Ihre kleinen Patschhändchen griffen danach und schleuderten es im Bogen durch die Luft:

„Das hier kein Zezi! Will Zezi haben! Zezi!!"

Renanas geplagte Mutter vertrat die Ansicht, der feinen Nase des Kleinkinds wäre in Unterschied im Geruch aufgefallen, der durch Zezis Abnützung entstanden sei. Nie werde ich das Gesicht des Apothekers vergessen, als ich eine größere Menge gebrauchter Schnuller verlangte. Es war ein durchaus abweisendes Gesicht. Uns blieb nichts anderes übrig, als eine Anzahl Schnuller künstlich selber altern zu lassen. Wir erstanden die nötigen Mittel, tauchten einen Probeschnuller ein und warteten, bis er die grünliche Farbe Zezis annahm.

Renana entdeckte den Schwindel jedoch sofort und brüllte nach Zezi.

Als wir eines Abends in der Oper saßen, kam während der Vorstellung, an einer besonders leisen Stelle, der Platzanweiser herangeschlichen und flüsterte in die Dunkelheit:

„Pst! Schnuller! Pst! Schnuller!"

Wir wußten, wen er meinte, wir wußten, daß Großmutti angerufen hatte, wir kümmerten uns nicht um die Empörung und die leisen Schmerzensrufe unserer Sitznachbarn, denen wir auf die Füße stiegen, wir sausten nach Hause und fanden die alte Oma schwer atmend in einem Sessel. Zezi war spurlos verschwunden. Der weichgepolsterte Behälter, den wir eigens für Zezi eingerichtet hatten, war leer.

Großmama hatte schon überall nachgeschaut. Erfolglos. Auch wir schauten überall nach. Ebenso erfolglos. Jemand mußte Zezi gestohlen haben.

Unser erster Verdacht fiel auf den Milchmann, der kurz vor Großmamas Ankunft erschienen war, um sich zu erkundigen, wie viele Flaschen wir über die nahenden Feiertage brauchen würden.

Die beste Ehefrau von allen zauderte nicht, ihn trotz der späten Nachtstunde anzurufen:

„Huber – haben Sie vielleicht einen Schnuller mitgenommen?"

„Nein", antwortete Huber, „ich nehme keine Schnuller mit."

„Er lag in einem Körbchen links neben dem Laufstall, und jetzt liegt er nicht mehr dort."

„Das tut mir leid für ihn. Und was die Milch betrifft, so bleibt's bei 23 Flaschen am Mittwoch, richtig?"

Das war zwar richtig, nützte uns aber nichts. Unser Verdacht wuchs. Wir überlegten, ob wir einen Detektiv mit weiteren Nachforschungen betrauen sollten, oder besser vielleicht einen Hellseher, als plötzlich eine der nervösen Handbewegungen meiner Frau in der Ritze ihres Sessels auf den vermißten Edelschnuller stieß. Wie er dort hingekommen war, bleibt ein Rätsel.

Wir fragten unseren Elektriker, ob es vielleicht ein Instrument zur Auffindung versteckter Schnuller gäbe, aber so etwas gab es nicht.

Unser Nachbar, der wegen Renanas häufigem Gebrüll nicht mehr schlafen konnte, empfahl uns, einen Polizeihund zu kaufen, der den verschwundenen Schnuller immer wieder aufspüren könnte.

Der Nachbar von oben, der auch immer geweckt wurde, meinte, daß wir ein Alarmgerät an Zezi befestigen könnten, das immer „blip, blip" machen würde, und wir selbst überlegten, ob wir nicht eine ganz dicke Eisenkette um Zezi legen könnten.

Nachdem wir hin und her überlegt hatten, fanden wir alle diese Mittel nicht so gut.

„Ephraim", informierte mich die beste Ehefrau von allen, „ich werde verrückt."

In den folgenden Nächten fuhr sie immer wieder schreiend aus dem Schlaf. Bald träumte sie, daß ein Lämmergeier mit Zezi im

Schnabel davongeflogen wäre, bald hatte sich Zezi selbst, wie in einem Zeichentrickfilm, mit lustigen Sprüngen entfernt, hopp - hopp - hopp.

In einer dunklen, sturmgepeitschten Neumondnacht entdeckten wir endlich Zezis Geheimnis.

Anfangs verlief alles normal. Punkt sieben traten meine Frau und meine Schwiegermutter an den Stahltresor heran, in dem wir mittlerweile den Schnuller aufbewahrten, stellten die doppelt gesicherten Kombinationen ein, öffneten den schweren Schrank mit Schlüssel und Gegenschlüssel und holten Zezi hervor. Renana, in ihrer Wiege liegend, nahm Zezi zwischen die Lippen, lächelte zufrieden und schloß die Augen. Wir entfernten uns auf Zehenspitzen.

Ein unerklärlicher Drang trieb mich zur Tür zurück und hieß mich durchs Schlüsselloch schauen.

„Weib!" flüsterte ich. „Komm her! Rasch!"

Mit angehaltenem Atem sahen wir, wie Renana vorsichtig aus ihrer Wiege kletterte, zu einem Sessel watschelte und Zezi im Schlitz zwischen Kissen und Lehne verschwinden ließ. Dann kehrte sie in die Wiege zurück und begann mörderisch zu brüllen.

Das Gefühl der Erlösung, das uns überkam, läßt sich nicht schildern. Renana war nicht im mindesten auf ihren Schnuller angewiesen. Sie war ganz einfach darauf aus, uns zu ärgern.

Der Kaktus im Silberrausch

Eines Tages beschloß ich, meiner Frau eine Freude zu machen und unseren alten, verrosteten Ofen neu anzumalen.

In einem Farbengeschäft in Joffa kaufte ich eine besonders große Dose „echt feuerfesten silbernen Aluminiumlack" und einen mittelgroßen Pinsel.

Zu Hause stellte ich mich schlafend und wartete, bis meine Frau aus dem Haus ging.

Als sie weg war, öffnete ich die Zinndose mit der glitzernd-silbrigen Flüssigkeit darinnen, sorgfältig strich ich den Ofen. Der Lack saß ihm wie angegossen und machte allen Schmutz und Rost vollkommen unsichtbar.

Die Arbeit machte mir große Freude. Ich wartete gar nicht ab, bis „der erste Belag vollkommen getrocknet" war - zufolge der Gebrauchsanweisung dürfte man nämlich erst dann die zweite Schicht auflegen. Ich legte sie, um sicher zu gehen, sofort auf, und die dritte obendrein.

Da meine Hände nun schon sehr kräftig Spuren der geleisteten

Arbeit trugen und die Büchse noch nicht annähernd leer war, begann ich Umschau zu halten, ob nicht noch andere Gegenstände in unserer Wohnung eine Verschönerung nötig hätten. Ich fand und lackierte zwei schäbig gewordene Türklinken, einen tropfenden Wasserhahn und drei Aluminiumkochtöpfe, die nachher wie neu aussahen; ferner einen Kaktustopf samt Kaktus, den Küchentisch, zwei Fußschemel, einen Aschenbecher, einen Schuhlöffel und andere Kleinigkeiten. Dann wollte ich aufhören, denn ich hatte das Gefühl, ein wenig zu weit zu gehen.

Aber da fiel mein Blick zufällig auf den abgeblätterten Lack meines Motorrads – und binnen kurzem erglänzte das Rad in neuer Pracht. Jetzt gab es für mich kein Halten mehr. Ich verlor jede Selbstbeherrschung und erfüllte mir den lang gehegten Wunsch, das abscheuliche Linienmuster unseres Kachelfußbodens durch reizvoll unregelmäßige Karos zu ersetzen. Es wurde immer schlimmer. Schon kniete ich aufs neue vor dem Ofen und verpaßte ihm einen weiteren, vierten Silberbelag. Jetzt merkte ich, wie scheußlich es war, nur zwei silberne Türklinken zu haben, und versilberte alle übrigen und die Fenstergriffe dazu. Während ich den Radioapparat lackierte, fiel mir auf, daß meine Schuhe mit silbernen Pünktchen gesprenkelt waren, was nicht hübsch aussah; ich bedeckte sie zur Gänze mit Silber. Wie schön sie doch glänzten! Es ist zum Staunen, daß noch niemand auf den Einfall gekommen ist, Aluminiumschuhe herzustellen. Sie würden zum dunklen Anzug hervorragend passen.

Nachdem ich die achtzehn Bände unseres Lexikons in Silber

getaucht hatte, machte ich aber wirklich Schluß und ließ nur noch einigen Stehlampen die Verschönerung zukommen, auf die sie mir Anspruch zu haben schienen. Dazu mußte ich eine Leiter ersteigen. Seltsam: nachher hätte ich schwören mögen, es wäre eine Aluminiumleiter, obwohl ich doch ganz genau wußte, daß es eine gewöhnliche hölzerne Leiter war. Während ich oben stand, verschüttete ich ein wenig Lack auf unseren Teppich. Zu meiner Freude entdeckte ich jedoch, daß der Teppich eine außergewöhnliche Saugfähigkeit für Silberlack besaß.

Als mein Vorhaben, unseren Petroleumofen zu lackieren, bis zu diesem Punkt gediehen war, erledigte ich noch rasch die Regale in unserer Küche, die Handtaschen meiner Frau sowie meine eigenen Krawatten und verwandelte den Kaninchenpelz meiner Schwiegermutter in einen Silberfuchs. Jetzt litt es mich nicht länger im Haus. Vor Seligkeit taumelnd, begab ich mich in den Garten, wo ich ein paar jungen Bäumen täuschende Ähnlichkeit mit kleinen Silberpappeln verlieh und die ersten Silbernelken züchtete. Beim Versilbern unserer Fensterläden überraschte mich der Briefträger, dem ich durch einen leichten Silberbelag auf den Schläfen zu feinerem Aussehen verhelfen wollte. Aber der arme Kerl begriff das nicht, und er entfloh unter heiseren Schreckenslauten, wobei er eine Menge Briefe auf unserem Silberrasen verstreute.

Ich war gerade dabei, die Wände unserer Wohnung auf den allgemeinen Charakter des Hauses abzustimmen, als die Türe sich öffnete und meine Frau auf der Schwelle stand.

„Entschuldigen Sie", sagte sie höflich. „Ich muß mich in der Türe geirrt haben." Und sie wollte wieder weggehen.

Mit knapper Not konnte ich sie zurückhalten, um sie nach und nach davon zu überzeugen, daß sie sich tatsächlich in unserem Heim befinde und daß ich ihr mit diesen kleinen Verschönerungen nur eine frohe Überraschung hätte bereiten wollen. Sie war überrascht, nicht aber froh und ließ mich wissen, daß sie in ein Hotel ziehen würde. Zum Glück konnte sie ihre Sachen nicht packen, weil alle Koffer mit frischem Silberlack bedeckt waren und sich nicht öffnen ließen. Während sie zusammenbrach und haltlos vor sich hinschluchzte, fand ich noch ein wenig Silberlack für ihre Nägel. Dann war die Dose leer.

Theaterspielen ist lustig

„Wirst du kommen, Papi? Bestimmt?"

„Ja, mein Sohn. Bestimmt."

Seit sechs Monaten frägt mich Amir das zweimal täglich, einmal beim Frühstück und einmal vor dem Schlafengehen. Nadiwa, die Lehrerin, hatte dem Kind eine führende Rolle in dem Theaterstück gegeben, das am Ende des Schuljahrs aufgeführt werden sollte, und von diesem Augenblick an beschäftigte sich Amir ausschließlich damit, in der Abgeschlossenheit seines Zimmers den Text auswendig zu lernen, unermüdlich, immer wieder, immer dieselben Worte, als wäre eine Schallplatte steckengeblieben:

„Häschen klein...Gläschen Wein...sitzt allein", erklang es unablässig. „Kleiner Hase...rote Nase...ach, wie fein...muß das sein..."

Selbst auf dem Schulweg murmelte er diesen läppisch gereimten Unfug vor sich hin, selbst auf die erzürnten Rufe der Autofahrer, die ihn nicht überfahren wollten, reagierte er mit Worten wie: „Häschen spring...klingeling...komm und sing..."

Als der große Tag da war, platzte das Klassenzimmer aus allen Nähten, und viele Besucher drängten herzu, um teils ihre Kinder und teils die von eben diesen angefertigten Buntstiftzeichnungen israelischer Landschaften zu bestaunen. Mit knapper Not gelang es mir, ein Plätzchen zwischen dem See Genezareth und einem Tisch mit Backwerk zu ergattern. Im Raum brütete die Hitze und eine unabsehbare Schar erwartungsvoller Eltern. Unter solchen Umständen hat ein so normaler Papi wie ich die Wahl zwischen zwei Übeln: er kann sich hinsetzen und nichts sehen als die Köpfe der vor ihm Sitzenden, oder er kann stehen und sieht seinen Sohn. Ich entschied mich für einen Kompromiß und ließ mich auf einer Stuhllehne nieder, unmittelbar hinter einer Mutti mit einem Kleinkind auf dem Rücken, das sich von Zeit zu Zeit nach mir umdrehte, um mich dümmlich anzuglotzen.

„Papi", hatte mein Sohn Amir beim Aufbruch gefragt, „wirst du auch ganz bestimmt bis zum Schluß bleiben?"

„Ja, mein Sohn. Ich bleibe."

Jetzt saß Amir bereits auf der Bühne, in der dritten Reihe der für spätere Auftritte versammelten Schüler, und beteiligte sich mit allen anderen am Absingen des Gemeinschaftsliedes unserer Schule. Auch die Eltern sangen mit, jedenfalls dann immer, wenn ein Lehrer einen von ihnen ansah.

Die letzten Mißtöne waren verklungen. Ein sommersprossiger Knabe trat vor und wandte sich wie folgt an die Eltern:

„Nach Jerusalem wollen wir gehen, Jerusalem, wie bist du schön, unsere Eltern kämpften um dich, infolgedessen auch für mich und für uns alle, wie wir da sind, Jerusalem, ich bin dein Kind und bleibe es mein Leben lang, liebe Eltern, habet Dank!" Ich, wie gesagt, saß weit von der Bühne entfernt. Was dort vorging, bekam ich nur teilweise mit.

Soeben erzählte ein dicklicher Junge etwas über die Schönheiten unseres Landes, ich hörte kein Wort davon, aber ich merkte auch so, worum es geht: Wenn er hinaufschaut, meint er offensichtlich den Berg Hermon, wenn er die Arme ausbreitet, die fruchtbaren Ebenen Galiläas oder möglicherweise die Wüste Negev, und wenn er mit seinen Patschhänden wellenförmige Bewegungen vollführt, kann es sich nur um das Meer handeln.

Zwischendurch muß ich die ängstlich forschenden Blicke meines Sohnes erwidern und mich nicht um die des Kleinkindes vor mir kümmern.

Stürmischer Applaus. Ist das Programm schon zu Ende? Ein geschniegelter Musterschüler tritt an die Rampe:

„Das Flötenorchester der vierten Klasse spielt jetzt einen Ländler."

Ich liebe Flötenmusik, aber ich liebe sie in der Landschaft draußen, nicht in einem knallvollen Saal mit Städtern. Wie aus dem Programm hervorgeht, besitzt die vierte Klasse außer einem

Flötenorchester auch vier Solisten, so daß uns auch vier Soli bevorstehen, damit sich keiner kränkt: 1 Haydn, 1 Nardi, 1 Schönberg, 1 Dvořák…

An den Fenstern wimmelt es von zeitungslesenden Vätern. Und sie genieren sich nicht einmal, sie tun es ganz offen. Das ist nicht schön von ihnen. Ich borge mir eine Sportbeilage aus.

Das Konzert ist vorüber. Wir applaudieren vorsichtig, wenn auch nicht vorsichtig genug. Es erfolgt eine Zugabe.

Die Sportbeilage ist reichhaltig, aber auch sie hat einmal ein Ende. Was nun?

Da! Mein Sohn Amir steht auf und bewegt sich gegen den Vordergrund der Bühne. Mit einem Stuhl in der Hand.

Er ist, wie sich zeigt, nur als Requisiteur tätig. Seine Augen suchen mich.

„Bist du hier, mein Vater?" fragt sein stummer Blick.

Ich wackle mit den Ohren:

„Hier bin ich, mein Sohn."

Einer seiner Mitschüler erklimmt den Stuhl, den er, Amir, mein eigener Sohn, herangeschafft hat, und gibt sich der Menge als „Schloime der Träumer" zu erkennen. Von seinen Lippen rieselt es rasch und größtenteils unverständlich: „Jetzt wollt ihr wissen, warum bla-bla-bla, also ich sag's euch, meine Mutter sagt immer bla-bla-bla, also ich geh' und hopp-hopp-hopp auf einmal eine Katze und sum-sum-sum bla-bla-bla ob ihr's glaubt oder nicht und plötzlich Rhabarber Rhabarber alles voll Kalk."

68

Die Kinder brüllen vor Lachen. Mit mir jedoch geht es zu Ende. Kein Zweifel, ich bin innerhalb Minutenfrist entweder taub oder verrückt geworden, oder beides.

Es beruhigte mich ein wenig, daß auch viele andere Väter mit unbewegten Gesichtern dasitzen, die Hand ans Ohr legen, sich angestrengt vorbeugen und sonstige Anzeichen ungestillten Interesses von sich geben.

Eine Stunde ist vergangen. Die Mutter mit dem Kleinkind auf dem Rücken sackt lautlos zusammen, mitten in die Kuchen hinein. Ich springe auf, um ihr in die frische Luft hinaus zu helfen, aber ein paar geschickte Väter kommen mir zuvor und tragen sie freudestrahlend hinaus. An die frische Luft.

„Und jetzt", verkündet der Geschniegelte, „bringen die Didl-Dudl-Swingers eine Gesangsnummer, in der sie die Vögel des Landes Israel nachahmen."

Wenn ich's genau bedenke, habe ich kleine Kinder gar nicht so schrecklich lieb. In kleinen Mengen mag ich sie ganz gern, aber so viele von ihnen auf so kleinem Raum…Außerdem sind sie miserable Schauspieler. Vollkommen talentlos. Wie sie da zum Klang des Flötenquartetts herumspringen und einen idiotischen Text krächzen…Böser Kuckadudldu, mach die blöden Augen zu…oder was immer…Es ist nicht zum Anhören und nicht zum Ansehen…

Ich fühle mich schlecht und immer schlechter. Keine Luft. An den Fenstern kleben ganze Trauben von japsenden Eltern.

Kleine Mädchen wollen pipi. Draußen im Hof rauchen einige Väter.

Mein Sohn gestikuliert angstvoll:

„Nicht weggehen, Papi. Ich komm' gleich dran."

Auf allen vieren krieche ich zu Nadiwa, der Lehrerin: ob es eine Pause geben wird?

Unmöglich. Würde zu lange dauern. Jedes Kind eine Hauptrolle. Sonst werden sie eifersüchtig und fangen womöglich zu streiten an.

Einige Elternpaare, deren Kinder ihren großen Auftritt hinter sich haben, entfernen sich unter den neidvollen Blicken der zurückbleibenden Mehrheit.

Auf der Bühne beginnen die Vorbereitungen zu einem langen Bibelstück. Mein Sohn trägt abermals Requisiten herbei. Ich werfe einen verstohlenen Blick auf das Rollenbuch, das der Bruder eines Mitwirkenden in zitternden Händen hält, um notfalls einsagen zu können:

Ägyptischer Aufseher (hebt die Peitsche): Auf, auf, ihr Faulpelze! Und hurtig an die Arbeit!

Ein Israelit: Wir schuften und schwitzen seit dem Anbruch des Morgens. Ist kein Mitleid in deinem Herzen?

Und so weiter…

Noch *ein* Ton aus der Flöte, und ich werde verrückt.

Aber da geschieht etwas Merkwürdiges. Mit einem Mal nehmen die Dinge Gestalt an, erwartungsvolle Spannung liegt in der Luft,

man muß Haltung annehmen, man muß scharf aufpassen. Oben auf der Bühne hat sich ein wunderschöner Knabe aus der Schar seiner Mitspieler gelöst. Vermutlich mein Sohn. Ja, er ist es. Er verkörpert einen bedeutenden Dichter oder den Erfinder der Elektrizität oder sonst jemand Wichtigen, das läßt sich so geschwind nicht feststellen.

„Häschen klein ... Gläschen Wein ... bla-bla-bla blubb-blubb-blubb bongo-bongo ... das ist fein ..."

Laut und deutlich trägt mein kleiner Rotkopf den Text vor. Ich blicke mit bescheidenem Stolz in die Runde. Und was muß ich sehen?

In den Gesichtern der Dasitzenden malt sich völlige Langeweile. Einige schlafen sogar. Sie schlafen, während Amirs zauberhaft klare Stimme den Raum durchdringt. Mag sein, daß er kein großer Schauspieler ist, aber seine Aussprache ist einwandfrei und sein Vortrag flüssig. Niemals zuvor ward so Deutliches gehört in Israel. Und sie schlafen ...

Als er zu Ende gekommen ist, schreckt mein Applaus die Schläfrigen auf. Auch sie klatschen. Aber ich klatsche stärker. Mein Sohn winkt mir zu. Bist du's, Papi?

Ja, ich bin es, mein Sohn. Und ich winke zurück.

Die Lehrerin Nadiwa macht ihrem Vorzugsschüler ein Zeichen.

„Wieso?" flüstere ich ihr zu. „Geht's denn noch weiter?"

„Was meinen Sie, ob es noch weitergeht? Jetzt fängt's ja erst richtig an. Die ganze Geschichte: Von der Entstehung der Welt bis

72

zur Entstehung des Staates Israel. Von den Kindern gesprochen und gesungen. Mit Musik…"
Und da erklang es auch schon von der Bühne:
„Am Anfang schuf Gott den Himmel und die Erde…"
An den Rest erinnere ich mich nicht mehr.

Herr Obernik bellt

Das Viertel, in dem wir früher wohnten, besteht aus hübschen Einfamilienhäusern mit kleinen Gärten. Alles war ruhig und friedlich, bis die Sache mit Karo passierte.

Es begann damit, daß in zwei neugebaute Einfamilienhäuser zwei Familien einzogen. In das eine Haus zog der Musiklehrer Meyer, in das andere Haus der Beamte Obernik. Es war von Anfang an klar, daß sich die beiden Familien nicht riechen konnten. Jede versuchte, der anderen das Leben so schwer als möglich zu machen. Und beide hatten sich zum Ziel gesetzt, die anderen zu vertreiben.

Um das zu erreichen, leerten sie die Abfallkübel in den Nachbargarten, drehten den Radio auf volle Lautstärke, so daß die Scheiben nebenan zitterten, und beschimpften sich Tag und Nacht. Es gab keinen Zweifel, eine der beiden Familien mußte über kurz oder lang ausziehen. Die Frage war nur, wer die besseren Nerven hatte. Die anderen Bewohner der Straße schlossen Wetten ab. Diese standen 3 : 1 für Meyer.

74

Eine ungewöhnliche Wendung trat ein, als Familie Obernik einen Hund kaufte. Er hieß Karo und war von unbestimmter Rasse, obwohl er angeblich einer berühmten skandinavischen Zucht entstammte. Aber wer kann das schon nachprüfen.

Die Oberniks hüteten ihn wie einen Augapfel und ließen ihn nur nachts in Freie. Anscheinend hatten sie Angst um ihn. Diese Furcht war nicht unbegründet, denn Karo bellte Tag und Nacht. Man konnte verrückt dabei werden, vor allem wenn man Musiklehrer war und ein empfindliches Gehör hatte.

Karo stimmte sein keifendes, durchdringendes Gebell zu den unmöglichsten Zeiten an: um 5.15 am Morgen, zwischen 14 und 16 Uhr (also gerade dann, wenn Herr Meyer sich zu seinem Nachmittagsschlaf niederlegte), dann wieder gegen Mitternacht und um 3.30 Uhr. Natürlich bellte er auch zwischendurch.

Nach ungefähr einer Woche, während des üblichen Nachmittagskonzerts, trat Frau Meyer vor ihr Haus und rief zu den Oberniks hinüber:

„Sorgen Sie dafür, daß Ihr Hund zu bellen aufhört, sonst kann ich für nichts garantieren. Mein Mann ist imstande und erschießt ihn."

Da allgemein bekannt war, daß Herr Meyer eine Jagdflinte besaß, nahm sich Frau Obernik die Warnung zu Herzen. In Zukunft sagte sie zu Karo, wenn er zu bellen anfing:

„Ruhig, Karo, du störst Herrn Meyer. Hör auf zu bellen! Kusch!"

Karo kuschte in keiner Weise. Im Gegenteil, er bellte immer mehr, als wolle er beweisen, daß er bellen dürfte, wann er wollte.

Und so griff Herr Meyer eines Nachts zu seinem Gewehr und setzte sich in den Garten. Hier wartete er hinter einem Strauch auf Karo. Karo aber kam nicht. Er bellte zwar zu den gewohnten Stunden, aber er blieb im Haus. Von Zeit zu Zeit glaubte Herr Meyer ihn an der Türe kratzen und jämmerlich winseln zu hören. Entweder ahnte Herr Obernik etwas von Herrn Meyers Vorhaben, oder er sperrte Karo aus Gemeinheit im Haus ein.

Als sich auch in den folgenden zwei Nächten nichts änderte, entschloß sich Meyer, dem Geheimnis nachzugehen. Er schlich sich an das Schlafzimmerfenster der Oberniks heran und schaute vorsichtig durch das halb geöffnete Fenster hindurch. Da wollte er seinen Augen nicht trauen: Herr Obernik lag in seinem Bett und bellte.

Neben ihm lag Frau Obernik und sagte von Zeit zu Zeit ohne besondere Anteilnahme:

„Ruhig, Karo, du mußt Herrn Meyer schlafen lassen. Kusch."

Herr Meyer war nahe daran, in das Schlafzimmer hineinzuschiessen. Doch dann besann er sich und ging auf das nächste Polizeirevier. Dort weckte er den diensthabenden Beamten und erzählte ihm die ganze Geschichte. Die Antwort des Beamten lautete: „Na und?"

„Was heißt hier na und!" brüllte Herr Meyer. „Der Kerl bringt mich noch um meinen Verstand. Ich kann seit Wochen nicht mehr schlafen!"

„Bedauere", antwortete der Polizist, „ich könnte gegen Lautsprecher nach Mitternacht einschreiten, aber nicht gegen jemanden, der bellt. Außerdem fällt diese Angelegenheit in die Kompetenz der Stadtverwaltung."

Am nächsten Morgen suchte Herr Meyer einen Anwalt auf. Er informierte ihn, daß Herr Obernik sich sozusagen selbst als Hund zu Hause hielte.

Der Anwalt blätterte in seinen Gesetzbüchern und schüttelte den Kopf:

„Ich kann keinen Paragraphen finden, der eine derartige Handlungsweise verbietet. Die Nachahmung von Tierstimmen ist nicht unter Strafe gestellt. Das einzige, was wir unternehmen können, ist, gegen Herrn Obernik Anzeige zu erstatten, weil er keine amtliche Bewilligung zum Halten eines Wachhundes, beziehungsweise einer Wachperson besitzt."

Die Anzeige wurde erstattet. Sicherheitshalber hatte der Anwalt noch hinzugefügt, daß Herr Obernik auch keine Hundesteuer für sich bezahlt.

Die Antwort der Behörde jedoch war niederschmetternd: Herr Obernik hatte die vorgeschriebene Bewilligung nicht nur eingeholt, er hatte sogar für ein Jahr im Voraus Hundesteuer für sich bezahlt.

Karo bellte immer lauter, die Schlacht hatte ein entscheidendes Stadium erreicht.

In einem letzten verzweifelten Angriff versuchte Herr Meyer, dem Hund Karo – Herr Obernik dennoch beizukommen. Er verständigte das Gesundheitsministerium, daß sein Nachbar an Tollwut leide und schnellstens vertilgt werden müßte.

Das Ministerium schickte einen Tierarzt, der Herrn Obernik nach sorgfältiger Untersuchung ein amtliches Gesundheitszeugnis ausstellte. Die Rechnung ging an Herrn Meyer.

Obernik hatte gesiegt. Am nächsten Ersten zog Familie Meyer aus.

„Recht geschieht ihm", sagte Frau Krassnitzer da, „warum hat er nicht zurückgebellt?"

Franzi und der Stammbaum

Eines Abends meinte die beste Ehefrau von allen, daß wir uns einen Hund anschaffen sollten. Ich lehnte ab.

„Schon wieder?" fragte ich. „Wir haben doch schon einmal darüber gesprochen, und ich habe schon einmal nein gesagt. Erinnere dich an unseren Zwinji, er ruhe in Frieden, und an seine Vorliebe für den roten Teppich!"

„Aber die Kinder möchten so gerne –"

„Die Kinder, die Kinder. Wenn ein Hund erst einmal im Haus ist, gewöhnen wir uns an ihn und werden ihn nie wieder los."

Ich versuchte am nächsten Tag, mit Amir und Renana zu sprechen. Aber beide fingen an zu heulen, und ich konnte nur die Worte „Papi" und „Hund" deutlicher verstehen.

Also entschloß ich mich, nachzugeben.

„Schön", sagte ich, „ich kaufe euch einen Hund. Was für einen wollt ihr denn haben?"

„Einen reinrassigen", erklärte die beste Ehefrau von allen anstelle der Kinder. „Einen mit Stammbaum."

Aus der Bestimmtheit, mit der sie das sagte, ging hervor, daß sie über den bevorstehenden Kauf bereits mit unseren Nachbarn gesprochen hatte, deren reinrassige Monster die Gegend unsicher machen.

„Außerdem will ich", meinte sie weiter, „weder eines dieser unförmigen Kälber, die das ganze Haus schmutzig machen, noch irgendein Miniaturtier, das einer Ratte ähnlicher sieht als einem Hund. Wir müssen auch bedenken, daß junge Hunde überall hinpinkeln und daß alte Hunde Asthma haben. Wir brauchen ein gut gebautes Tier, das nicht zu laut bellt und auch sonst wenig Lärm macht. Gerade Beine, ein glattes Fell, stubenrein und folgsam. Und auf keinen Fall einen weiblichen Hund, weil Hündinnen alle paar Monate läufig werden."

„Ist das der Hund, den unsere Kinder haben wollen?" fragte ich.

„Ja", antwortete die beste Ehefrau von allen.

Ich machte mich auf den Weg, um einen Hund zu suchen, der den Anforderungen meiner Familie entsprach. Als ich am Postamt vorbeikam, fiel mir ein, daß ich Briefmarken brauchte. Vor mir in der Schlange stand ein Mann, der von starkem Husten geplagt wurde und sich ständig umdrehte. Dabei schaute er mich an. Offenbar zog er aus meiner sorgenvollen Miene den richtigen Schluß. Er hätte ein Hündchen zu verkaufen, meinte er, wir könnten es gleich besichtigen, er wohne nur um die Ecke.

Neugierig geworden, ging ich mit ihm. Im Garten seines Hauses zeigte er mir das Tierchen. Es lag in einer Schuhschachtel, hatte ein lockiges Fell, krumme Beine und eine schwarze Schnauze mit rosa Punkten. Es saugte gerade an seinem kleinen Schwanz, hörte jedoch sofort auf, als es mich sah, und sprang bellend an mir hoch. Das Hündchen gefiel mir auf den ersten Blick.

„Wie heißt es denn?" fragte ich.

„Wie Sie wollen. Sie können ihn haben."

„Ist er reinrassig?"

„Er vereint sogar mehrere reine Rassen in sich. Wollen Sie ihn nun oder nicht?"

Um den Mann nicht weiter zu verärgern, bejahte ich.

„Und wieviel kostet er?"

„Nichts. Nehmen Sie ihn nur gleich mit."

Er wickelte das Tierchen in Zeitungspapier, legte es mir in den Arm und schob uns beide zur Gartentür hinaus.

Schon nach wenigen Schritten fielen mir die Worte meiner Frau ein, und ich blieb wie angewurzelt stehen. Das war, so durchfuhr es mich mit Schrecken, nicht der Hund, den sie sich vorgestellt hatte. Wenn ich diesen Hund nach Hause bringe, gibt es Ärger. Schnell kehrte ich um und trug ihn zu seinem früheren Besitzer zurück.

„Darf ich ihn später abholen?" fragte ich bittend. „Ich muß in der Stadt noch verschiedene Besorgungen machen und möchte ihn nicht die ganze Zeit mit mir herumschleppen."

„Hören Sie", antwortete der Mann, „ich zahle Ihnen gerne ein paar Mark, wenn Sie nur –"

„Nicht nötig. Das Tier gefällt mir. In ein paar Stunden bin ich wieder da, machen Sie sich keine Sorgen."

Als ich nach Hause kam, fragte die beste Ehefrau von allen: „Nun, hast du etwas gefunden?"

„Einen Hund kauft man nicht im Handumdrehen", antwortete ich kühl. „Ich habe mich mit mehreren Fachleuten beraten und verschiedene Angebote erhalten. Ein Terrier und zwei Setter waren auch dabei, aber sie schienen mir nicht reinrassig genug zu sein." Obwohl ich mich nicht besonders gut auskenne, hatte ich meine Gattin zumindest überzeugt, daß ich nicht blindlings alles kaufen würde, was man mir anbot. Sie war beruhigt.

„Laß dir Zeit", sagte sie, „man kauft schließlich nicht jeden Tag einen Hund."

Ich stimmte eifrig zu:

„Eben. So etwas will überlegt sein. Wenn es dir recht ist, möchte ich noch einigen Zeitungsanzeigen nachgehen."

Angeblich um das zu erledigen, verließ ich am folgenden Tag das Haus. Ich ging an den Strand, badete ein wenig, spielte einige Partien Tischtennis. Gegen Mittag machte ich mich auf den Heimweg. Vorher wollte ich aber noch kurz bei meinem Hündchen vorbeischauen...

Sein fröhliches Bellen mischte sich mit dem trockenen Husten seines Besitzers, der mir das Tier sofort wieder mitgeben wollte. Ich wehrte ab:

„Morgen. Heute geht es nicht. Unsere ganze Familie wird geimpft, da möchte ich keinen Hund nach Hause bringen. Morgen, spätestens übermorgen hole ich ihn ab. Sie sehen ja, daß ich ihn haben will, sonst wäre ich nicht gekommen."

84

Und ich ging schnell weg. Zu Hause erklärte ich meiner wartenden Gattin:

„Diese Zeitungsanzeigen sind überhaupt nichts wert. Du wirst nicht glauben, was für Mischlinge man mir gezeigt hat."

„Zum Beispiel?" Ihr Tonfall hatte etwas, als wollte sie mich in die Enge treiben.

„Das Beste war noch ein Pudel in Ramat Gan", antwortete ich bedächtig. „Aber sein Stammbaum reicht nur vier Generationen zurück."

„Das ist bei Hunden nichts Außergewöhnliches", entgegenete sie mir hochmütig.

„Für mich kommt so etwas nicht in Frage!" Es war an der Zeit, meine Stellung als Familienoberhaupt hervorzukehren. „Ich, wenn du nichts dagegen hast, stelle mir unter Reinrassigkeit etwas ganz Bestimmtes vor. Entweder finde ich ein wirklich vornehmes Tier, oder aus der ganzen Sache wird nichts!"

Die beste Ehefrau von allen blickte bewundernd zu mir auf. „Wie recht du doch hast", flüsterte sie, „ich habe dich unterschätzt. Ich dachte, du würdest den ersten besten Straßenköter mit nach Hause bringen, der dir über den Weg läuft."

„Ach so?" zornbebend fuhr ich sie an. „Damit du es nur weißt: Morgen fahre ich nach Haifa zu Doktor Munzinger, dem bekannten Fachmann für Schäferhunde..."

Am nächsten Morgen suchte ich ohne Umwege meinen hustenden Freund auf, um mit Franzi – so nannte ich das Hündchen inzwischen – ein wenig zu spielen. Franzi zerfetzte mir vor lauter

Wiedersehensfreude beinahe den Anzug. Ich versuchte, ihm einige Grundregeln der guten Hundesitten beizubringen. Leider ließ es nicht nur Franzi an der erforderlichen Gelehrigkeit missen. Auch sein Herr wurde widerspenstig und drohte mir mit den fürchterlichsten Folgen, wenn ich die verdammte Hündin auch diesmal nicht mitnähme.

„Entschuldigen Sie, bitte", unterbrach ich sein Fluchen, „sagten Sie eben Hündin?"

„Hündin", wiederholte er, „und nun schnellstens hinaus mit ihr." Der flehende Blick, mit dem Franzi mich ansah, schien zu besagen: „So nimm mich doch endlich mit!"

„Ich arbeite daran", versuchte ich ihr mit Blicken klarzumachen. „Nur noch ein wenig Geduld!"

Erschöpft von den Strapazen der Autofahrt nach Haifa ließ ich mich zu Hause in einen Sessel fallen.

„Ich war gerade bei Doktor Munzinger. Er hat mir ein paar recht schöne Tiere vorgeführt, aber es war nichts wirklich Perfektes dabei."

„Gehst du da nicht ein wenig zu weit?" erkundigte sich die beste Ehefrau von allen. „Ich glaube kaum, daß es etwas wirklich Perfektes überhaupt gibt."

„Sei nicht so kleinmütig", antwortete ich. „Denn jetzt endlich weiß ich, was ich will. Ich habe mich entschlossen, ein garantiert reinrassiges Prachtstück aus einer berühmten Schweizer Zucht zu kaufen."

„Und was soll er kosten?"

Rassehunde

„Frag mich nicht danach. Es handelt sich um einen dunkelweißen Zwergschnauzer."

„Großartig. Und du bist dir ganz sicher, daß man dich nicht betrügt?"

„Mich betrügen? Dagegen habe ich alle nur erdenklichen Vorkehrungen getroffen. Das Tier wird vom Flughafen direkt zur Prüfstelle gebracht, wo seine Papiere sorgfältig kontrolliert werden."

Meine Worte stießen auf ein Achselzucken, das mir nicht recht behagte.

Aber ich ließ mich von meinem Weg nicht abbringen.

Die folgenden drei Tage waren schwierig. Das Mißtrauen meiner Frau wuchs im gleichen Maße und mit der gleichen Geschwindigkeit wie das des Hundebesitzers. Er wollte nichts davon hören, daß ich Franzi meiner Tochter zum Geburtstag schenken wollte. Am dritten Tag meinte er, das seien alles faule Ausreden. Als ich mich beleidigt entfernen wollte, warf er mir die arme Franzi über den Gartenzaun nach. Ich streichelte sie zur Beruhigung, warf sie zurück und rannte schnell davon.

Inzwischen war auch die Geduld meiner Frau restlos verbraucht. Sie verlangte, nun endlich das Ergebnis meiner langen Bemühungen zu sehen.

Als ich Franzi abholen wollte, wartete sie vor dem Zaun. Ihr Besitzer hatte sie davongejagt. Ich kaufte ihr ein Lederhalsband mit hübscher Metallverzierung und brachte sie nach Hause zu meiner Familie.

„Hier habt ihr Franzi, gerade aus der Schweiz angekommen."
Die Wirkung war überwältigend.
„Ein wunderschönes Tier", meinte die beste Ehefrau von allen.
„Wirklich, es hat sich gelohnt, so lange zu warten."
Auch die Kinder freundeten sich sofort mit Franzi an. Sie wurde im Handumdrehen zum Liebling der ganzen Familie.
Und sie erwidert die Zuneigung, die wir ihr entgegenbringen. Ihr Schwänzchen ist pausenlos in freudiger Bewegung, aus ihren kleinen Augen funkelt unglaubliche Klugheit. Manchmal habe ich das Gefühl, als würde sie in der nächsten Sekunde zu sprechen anfangen.
Ich kann nur hoffen, daß mich dieses Gefühl täuscht.

Süße Milch für Pussy

Eines Tages fand meine Frau an einer Straßenecke ein kleines verlassenes Kätzchen. Sie nahm es mit nach Hause, um es zu pflegen. Wir nannten es Pussy. Da Pussy ziemlich verhungert aussah, stellten wir ihr einen großen Teller mit süßer Milch hin. Aber Pussy wollte anscheinend keine Milch. Sie schnupperte nur kurz daran. Da Pussy noch sehr klein war, beschlossen wir, es mit einer Milchflasche zu versuchen. Vielleicht konnte sie noch nicht aus einem Teller trinken?

„Das trifft sich gut", sagte ich zu meiner Frau. „Wir haben für Amir acht Milchflaschen im Haus…"

„Was fällt dir ein", unterbrach sie mich. „Wir können doch Amirs Flaschen nicht für eine Katze nehmen. Geh hinunter in die Apotheke und kauf für Pussy ein eigenes Schnullerfläschchen."

„Das kannst du nicht von mir verlangen", entgegnete ich ihr entsetzt.

„Und warum nicht?"

„Weil ich mich schäme. Ich bin ein erwachsener Mensch und noch

dazu ein berühmter Schriftsteller. Ich kann doch nicht in eine Apotheke gehen und ein Schnullerfläschchen für eine Katze verlangen. Die Leute werden mich auslachen!"

„Unsinn", antwortete meine Frau. „Geh endlich!"

Ich ging, war aber fest entschlossen, niemandem zu sagen, für wen das Fläschchen in Wirklichkeit bestimmt war.

„Ein Milchfläschchen bitte", verlangte ich in der Apotheke.

„Wie geht es dem kleinen Amir", fragte der Apotheker.

„Danke sehr, gut. Er wiegt bereits zwölf Pfund."

„Großartig. Und was für eine Flasche darf ich Ihnen geben?"

„Die billigste", antwortete ich.

Um mich herum verstummten alle Gespräche. Die Leute starrten mich an. Auch vom Gesicht des Apothekers war das freundliche Lächeln verschwunden. Er sagte:

„Ich möchte Sie nur darauf aufmerksam machen, daß diese billigen Flaschen sehr leicht zerbrechen."

„Das macht nichts", sagte ich ohne Zögern. „Dann klebe ich sie eben wieder zusammen."

Der Apotheker drehte sich achselzuckend um und holte eine größere Auswahl von Babyfläschchen herbei. Alle sahen sehr teuer aus. Erst zum Schluß zeigte er mir ein kleines braunes Fläschchen.

Ich nahm alle Kraft zusammen:

„Geben Sie mir bitte dieses."

Wieder starrten mich die Leute schweigend an. Dieses Schweigen wurde erst von einer dicklichen Dame unterbrochen:

„Es geht mich ja nichts an", sagte sie. „Aber wenn Sie schon sparen müssen, dann sparen Sie wenigstens nicht an Ihrem Sohn. Für ein Kind ist das Beste gerade gut genug. Glauben Sie mir."
Ich tat, als hätte ich nichts gehört, und erkundigte mich nach den Preisen. Das kleine braune Fläschchen, das ich ausgewählt hatte, kostete wesentlich weniger als die anderen.
„Mein kleiner Junge ist ein wenig temperamentvoll", sagte ich stotternd. „Er schlägt alles kaputt. Es wäre sinnlos, eine teure Flasche für ihn zu kaufen."
„Aber wieso denn", meinte der Apotheker. „Sie müssen das Baby beim Trinken nur richtig festhalten. Dann kann überhaupt nichts passieren."
Pussy kam mir in den Sinn, wie ich sie auf dem Arm hielt und ihr das Fläschchen gab. Doch meine Überlegungen wurden von der dicken Frau unterbrochen:
„Sie können wohl nicht mit Kindern umgehen? Da ist es am besten, ich verschaffe ihnen ein gutes Kindermädchen. Zufällig habe ich die Telefonnummer bei mir."
Und schon rannte sie zum Telefon. Mir blieb nur noch die Hoffnung, daß das Kindermädchen nicht zu Hause war.
Sie war aber zu Hause. Die Frau teilte mir mit, daß das Kindermädchen bereit sei, morgen um elf Uhr bei mir vorbeizukommen.
„Um elf Uhr bin ich nicht da", sagte ich.
„Und um eins?"
„Um eins bin ich mit meiner Frau in der Fechtstunde."
„Dann vielleicht um zwei?"

„Da schlafen wir."

„Um sechs Uhr?"

„Da erwarten wir Gäste!"

„Das hat man nun davon, wenn man helfen will", rief die Frau wütend. „Dabei hätte Sie dieser Besuch überhaupt nichts gekostet, wie Sie in Ihrem Geiz sicher geglaubt haben!"

Bösartig starrten mich die Menschen an. Aus dem Hintergrund kam die eisige Stimme des Apothekers:

„Soll ich Ihnen also die billige braune Flasche einpacken?"

Ich nickte. Im Stillen gelobte ich mir, sollte ich jemals lebend aus dem Laden herauskommen, wollte ich ein Heim für verlassene Katzen stiften.

Der Apotheker unternahm einen letzten Bekehrungsversuch:

„Sehen Sie sich nur diesen billigen Gummischnuller an. Er dehnt sich schon nach kurzem Gebrauch aus, und das Kind kann daran ersticken. Außerdem füttert man mit diesen billigen Flaschen keine Babys, sondern Katzen!"

Das war zuviel für mich. Ich war am Ende.

„Geben Sie mir die beste Flasche, die Sie haben", sagte ich leise zu dem Apotheker.

Ich verließ den Laden mit einer Babyflasche, die für zwei Jahre Garantie hatte und acht Mark fünfzig kostete.

„Warum mußtest du Idiot nur die teuerste Flasche kaufen", fragte meine Frau, als sie die kleine Kostbarkeit auspackte.

„Weil man als verantwortungsbewußter Mensch an allem sparen darf, nur nicht an seinen Katzen", antwortete ich.

Schwierigkeiten mit der Dressur

Franzi hat die Herrschaft über unseren Haushalt übernommen. Beim ersten Morgengrauen springt sie in unser Ehebett, schleckt uns wach und beginnt, an den herumliegenden Gegenständen zu kauen. Ihren kleinen, spitzen Zähnchen sind bereits mehrere Hausschuhe und Bettvorleger, ein Radio, ein Kabel und einige Bücher zum Opfer gefallen. Als sie an den Füßen meines Schreibtischs zu knabbern begann, warf ich sie aus dem Zimmer. Seitdem kommt sie ständig zu mir.

„Ephraim", fragte die beste Ehefrau von allen, „bist du dir sicher, daß wir unseren Hund richtig dressieren?"

Auch ich hatte schon öfter daran gezweifelt.

Franzi verbringt den größten Teil des Tages auf unseren Sesseln oder in unseren Betten. Sie empfängt jeden Fremden, der an der Tür erscheint, mit freundlichem Schwanzwedeln und bellt nur, wenn meine Frau sich an das Klavier setzt. Überdies wird sie immer dicker, da die Kinder sie ständig mit Kuchen und Schokolade füttern. Und das Schlimmste ist: Wir können es ihr nicht abge-

wöhnen, auf den Teppich oder anderswohin zu pinkeln. „Vielleicht sollten wir sie abrichten lassen", antwortete ich daher meiner Frau. Dieser Einfall kam mir, als ich den deutschen Schäferhund Zulu sah, der in unserer Straße wohnt. Er kommt täglich zweimal mit Dragomir, dem bekannten staatlich geprüften Hundetrainer, an unserem Haus vorbei.

„Geh und rede mit Dragomir", murmelte meine Frau.

Dragomir, ein untersetzter Mann in mittleren Jahren, versteht die Sprache der Tiere. Mit den Menschen hat er allerdings Verständigungsschwierigkeiten. Er lebt erst seit dreißig Jahren in Israel und kann sich nur in seiner kroatischen Muttersprache fließend ausdrücken.

„Was ist das?" fragte er bei Franzis Anblick. „Wo haben Sie es genommen her?"

„Das spielt keine Rolle", antwortete ich ausweichend.

Dragomir hob Franzi hoch und schaute ihr tief in die Augen.

„Wie Sie füttern diese Hund?"

Ich erzählte ihm, daß Franzi viermal am Tag ihre Lieblingssuppe bekäme und einmal entweder Steaks mit Nudeln oder Gemüse mit Fleisch und dazwischen je nachdem Cremerollen, Waffeln oder türkischen Honig.

„Schlecht und falsch", meinte Dragomir. „Hund nur einmal am Tag bekommt Futter und Schluß. Wo macht Hund hin?"

Ich verstand nicht sofort, was er meinte. Dragomir wurde deutlicher:

„Wo pischt? Wo kackt?"

„Immer im Haus", wehklagte ich. „Nie im Garten. Da hilft kein Bitten und kein Schimpfen."

„Hund immer hinmacht, wo hat erstemal hingemacht", erklärte der staatliche Trainer. „Wie oft hat bis jetzt hingemacht im Haus?" Ich versuchte, es schnell im Kopf auszurechnen:

„Ungefähr fünfhundert Mal."

„Mati moje! Sie müssen Hund verkaufen!" Und Dragomir machte mich mit der erschütternden Tatsache vertraut, daß Franzi sich mittlerweile daran gewöhnt hätte, den Garten als ihre Wohnung anzusehen und das Haus als Toilette.

„Aber dagegen muß sich doch etwas machen lassen, Meister!" flehte ich. „Wir zahlen Ihnen jeden Betrag!"

Der staatliche Trainer überlegte.

„Gut", entschied er dann. „Erstes von allem: Sie müssen anbinden Hund. Ich bringe Kette."

Am nächsten Morgen erschien Dragomir mit einer Ankerkette, befestigte das eine Ende an einem Besenstiel, den er im hintersten Winkel des Gartens in die Erde rammte, und band Franzi am anderen Ende der Kette fest.

„So. Hier bleibt Hund ganze Zeit. Einmal täglich man bringt ihm etwas Futter. Sonst niemand darf in seine Nähe kommen."

„Aber wie soll die arme Franzi das aushalten", protestierte ich, lautstark unterstützt von Frau und Kindern.

„Franzi braucht Gesellschaft ... Franzi braucht Liebe ... sie wird weinen ..."

„Soll weinen", beharrte Dragomir erbarmungslos. „Ich sage, was

100

Sie tun, Sie tun, was ich sage. Sonst alles hat keinen Sinn. Sonst besser Sie verkaufen Hund sofort."

„Alles, nur das nicht!" stöhnte ich im Namen meiner Familie. „Wir werden alle Ihre Anordnungen befolgen. Was bekommen Sie für den Kurs?"

„Einhundertfünfzig ohne Empfangsbestätigung", antwortete Dragomir in erstaunlich gutem Hebräisch.

Franzi begann zu winseln.

Schon am Nachmittag weinten alle im Haus. Die Kinder schauten mit traurigen Blicken nach Franzi, nach der einsamen, hungrigen, angebundenen Franzi. Renana hielt es nicht länger aus und legte sich schluchzend neben sie. Amir bat mich mit flehend aufgehobenen Händen, das arme Tier loszubinden. Auch meine Frau beschwor mich: „Wenigstens für eine Viertelstunde. Für zehn Minuten. Für fünf Minuten..."

„Also schön. Fünf Minuten..."

Laut bellend sauste Franzi ins Haus, sprang an uns hoch und bedachte uns mit Liebesbezeugungen. Die Nacht verbrachte sie im Kinderzimmer. Dort schlief sie, nachdem sie Schokolade, Kuchen und ein Paar Hausschuhe gefressen hatte, friedlich in Amirs Bettchen ein.

Am nächsten Morgen läutete das Telefon. Es war Dragomir.

„Wie hat Hund genachtet?"

„Alles in bester Ordnung", antwortete ich.

„Viel gebellt?"

„Ja, aber damit muß man sich abfinden." Während ich dies sagte, versuchte ich, Franzi daran zu hindern, mein Brillengestell anzuknabbern.

Dragomir schärfte mir ein, seine Vorschriften unbedingt einzuhalten. Gerade jetzt, am Anfang der Dressur, sei Härte notwendig. „Da bin ich ganz Ihrer Meinung", bestätigte ich. „Sie können sich auf mich verlassen. Wenn ich schon so viel Geld ausgebe, dann will ich auch einen Erfolg sehen. Ich bin ja nicht verrückt."

Nach diesen Worten legte ich den Hörer auf und entfernte vorsichtig das Telefonkabel aus Franzis Schnauze.

Mittags stürzte Amir schreckensbleich ins Wohnzimmer.

„Dragomir kommt", rief er, „schnell!"

Wir wickelten Franzi aus der Klavierdecke, rannten mit ihr in den Garten und banden sie an der Kette fest. Als Dragomir hereinkam, saßen wir alle beim Mittagessen.

„Wo ist Hund?" fragte der Trainer barsch.

„Wo wird er schon sein? Natürlich dort, wo er hingehört. Im Garten. An der Kette."

„Richtig und gut." Dragomir nickte anerkennend. „Nicht loslassen."

Tatsächlich blieb Franzi bis gegen Ende des Essens im Garten. Erst zum Nachtisch holte Amir sie herein und fütterte sie mit Kuchen und Obst. Franzi war glücklich, schien aber ein wenig verwirrt. Auch in den kommenden Wochen konnte sie nicht begreifen, warum sie immer angebunden wurde, wenn der fremde Mann auftauchte. Nach seinem Verschwinden brachten wir sie immer gleich wieder ins Haus zurück.

103

Von Zeit zu Zeit erstatteten wir Dragomir genauen Bericht über Franzis Fortschritte. Wir baten ihn um Ratschläge, und an dem Dienstag, als Franzi unser schönstes Tischtuch zerrissen hatte, gaben wir ihm freiwillig eine Honorarzulage von fünfzig Mark. Eine Woche später beging Dragomir einen schweren Fehler: Er erschien unangemeldet in unserem Haus.

Dies passierte folgendermaßen: Zulu, der Schäferhund, hatte den Postboten ins Bein gebissen. Sein Besitzer rief Dragomir an, er sollte Zulu bestrafen. Und da Dragomir in der Nähe war, kam er gleich auch bei uns vorbei. Ohne zu läuten betrat er das Haus und ging ins Kinderzimmer. Dort fand er Amir und Franzi eng umschlungen vor dem Fernsehapparat. Beide verspeisten gerade gemeinsam eine große Tüte Popcorn.

„Das ist Garten?" brüllte Dragomir. „Das ist Hund angebunden?"

„Nicht böse sein, Onkel", entschuldigte sich Amir. „Wir haben nicht gewußt, daß du kommst."

Renana begann zu heulen, Franzi begann zu bellen, Dragomir brüllte weiter. Ich stürzte herbei und schrie ebenfalls. Meine Frau stand daneben und wartete, bis wieder Ruhe war.

„Was wünschen Sie?" fragte sie dann und tat so, als sähe sie Dragomir zum ersten Mal.

„Ich wünschen? Sie wünschen! Sie wollen haben Hund stubenrein. So nicht. So wird immer in Haus überall hinmachen!"

„Na, wenn schon. Dann wische ich es eben auf. Ich, nicht Sie."

„Aber –", sagte Dragomir.

„Hinaus!" sagte die beste Ehefrau von allen.

Seitdem herrscht Ruhe in unserem Haus. Franzi frißt Pantoffeln und Teppiche, wird immer dicker und pinkelt, wohin sie will. Meine Frau läuft mit einem Aufwischtuch hinter ihr her, die Kinder klatschen vor Vergnügen in die Hände, und wir sind uns alle darüber einig, daß nichts über einen gut erzogenen Rassehund geht, der eigens aus Europa eingeführt wurde.

Wettervorhersage:
Neigung zu Regenschirmverlusten

Heuer haben wir wirklich ein unmögliches Aprilwetter. Manchmal ballen sich dunkle Wolken am Himmel zusammen, und ein kalter Wind heult durch die Gegend. Zehn Minuten später scheint die Sonne, als wäre nichts geschehen, und nach weiteren fünf Minuten regnet es, oder es kommt sogar ein Gewitter.
In solchen Zeiten ist es besser, nicht ohne Regenschirm aus dem Haus zu gehen. Zumindest meinte das meine Frau, als ich mich auf den Weg machte, unser Auto aus der Reparaturwerkstätte abzuholen.
„Nimm meinen Regenschirm, Liebling", sagte sie. „Aber bitte, verlier ihn nicht!"
Jedesmal, wenn ich mit einem Regenschirm das Haus verlasse, wiederholt sie diese völlig überflüssige Mahnung.
„Teuerste", antwortete ich daher, „wann habe ich jemals einen Regenschirm verloren?"
„Vorgestern", meinte sie prompt darauf. „Eben deshalb möchte ich nicht, daß du jetzt auch noch meinen verlierst."

107

Mit welchem Triumph in der Stimme sie mir unter die Nase reibt, daß ich meinen Regenschirm irgendwo stehenließ und jetzt ihren nehmen muß: dieses lächerlich kleine, blaßblaue Ding, das anstelle eines anständigen Griffs einen Hundekopf aus Elfenbein oder Plastik hat. Angewidert nahm ich ihn und ging hinaus in den strömenden Regen.

Als ich aus dem Autobus stieg, hatte sich das Wetter gebessert. Der Himmel war klar, die Bäume blühten, die Vögel zwitscherten, die Sonne schien, und ich ging, mit einem Damenregenschirm am Arm, durch die Straßen.

Der Wagen war noch nicht fertig, ich sollte später noch einmal wiederkommen.

Auf dem Heimweg kam ich an der Bank vorbei. Dort hob ich etwas Geld ab. Anschließend setzte ich mich kurz ins Café California, plauderte mit Freunden und kam pünktlich um ein Uhr zum Essen nach Hause.

Die Frage, mit der mich meine Frau empfing, lautete:

„Wo ist der Regenschirm?"

Tatsächlich, wo war er? Ich hatte ihn vollständig vergessen. Aber wo? Und schon kam mir die Erleuchtung:

„Er ist im ‚California'! Ich erinnere mich genau, daß ich ihn zwischen den Knien versteckt hielt, damit ihn niemand sieht. Natürlich. Ich hole ihn sofort, Liebling. In ein paar Minuten bin ich zurück."

Inzwischen hatte es wieder angefangen zu regnen. Ich sauste zum Bus. Dort setzte ich mich auf einen freien Platz und dachte über

108

Regenschirme nach. Erst im letzten Augenblick merkte ich, daß ich an der richtigen Haltestelle angekommen war. Ich sprang auf, griff nach dem Regenschirm und drängte zum Ausgang.

„He! Das ist mein Schirm!"

Dieser Ausruf kam von einer sehr dicken Dame, die die ganze Zeit neben mir gesessen war. In meiner Zerstreutheit hatte ich ihren Regenschirm genommen. Na und? So etwas kann vorkommen. Aber die sehr dicke Dame machte einen fürchterlichen Wirbel, bezeichnete mich als Dieb und drohte sogar mit der Polizei. Vergeblich versuchte ich ihr zu erklären, daß ich auf ihren schäbigen Schirm nicht angewiesen sei und mehrere eigene besäße. Die sehr dicke Dame schimpfte ungerührt weiter, bis ich mich ihren Angriffen durch Flucht entzog.

Im „California" fand ich sofort den Schirm meiner Frau, oder genauer, das, was von ihm übrig geblieben war. Man hatte ihn achtlos in eine Ecke geworfen und war barbarisch über ihn hinweggetrampelt, so daß er vor lauter Schmutz nicht mehr wiederzuerkennen war.

Was würde meine Frau sagen?

„Siehst du", rief ich mit gespielter Fröhlichkeit, als ich ihr gegenüberstand. „Ich habe ihn gefunden."

„Was hast du gefunden?"

„Deinen Regenschirm!"

„Das soll mein Regenschirm sein?"

Wie sich herausstellte, war ihr Regenschirm inzwischen von der Bank zurückgeschickt worden. Jetzt fiel mir auch ein, daß ich ihn dort vergessen hatte. Aber wem gehörte dann dieses schwarze, schmierige Ding?

Das Telefon läutete.

„Hier ist der Oberkellner vom ‚California'. Sie haben meinen Regenschirm mitgenommen. Das ist nicht schön von Ihnen. Ich mache um drei Uhr Schluß, und draußen regnet es."

„Entschuldigen Sie bitte. Ich bringe ihn sofort zurück."

Die beste Ehefrau von allen wurde etwas nervös.

„Nimm meinen Regenschirm", sagte sie. „Aber bitte, verlier ihn nicht wieder."

„Wozu brauche ich deinen Regenschirm? Ich habe ja den vom Kellner!"

„Und für den Rückweg, du Dummkopf?"

Auf dem Weg zur Bushaltestelle hörte der Regen auf, und die Sonne schien wieder. Nun trug ich zwei Regenschirme am Arm, von denen der eine aussah wie ein schadhafter schwarzer Fallschirm, der andere hatte einen großen Plastikhundekopfgriff. Die Leute, die mit mir auf den Bus warteten, starrten mich an. Mir war die Sache so peinlich, daß ich einen Schwindelanfall bekam. Ich ging in die nächste Apotheke, nahm dort zwei Aspirin und beschloß zu warten, bis es wieder zu regnen begänne. Plötzlich bekam ich Hunger. Ich ging zum Kiosk an der Ecke und kaufte mir zwei Wurstbrötchen, die ich im Bus verschlang. Vor dem Café California wartete der Kellner und schaute mich fragend an:

„Wo ist mein Regenschirm?"

Tatsächlich. Er fragte mich, wo sein Regenschirm ist. Woher sollte

110

ich das wissen? Was kümmerte mich sein Regenschirm? Ich wollte lieber wissen, wo der Regenschirm meiner Frau war. Langsam glaubte ich, alle Regenschirme der Welt hätten sich gegen mich verschworen.

„Nur ein wenig Geduld", beruhigte ich den Kellner. „Sie werden Ihren Regenschirm sofort haben."

Ungeachtet des Wolkenbruchs rannte ich zur Haltestelle zurück. Atemlos riß ich die Türe zur Apotheke auf:

„Ich... hier... vor ein paar Minuten..."

„Ich weiß schon", unterbrach mich der Apotheker. „Ist er das?"

Ich nahm den Schirm an mich und rannte weiter. Natürlich hätte ich nicht schwören können, daß es der Schirm meiner Frau war. Sicher, er sah ihm etwas ähnlich, aber er war grün und hatte als Griff keinen Elfenbeinmops, sondern einen flachen Schnabel mit den eingravierten Worten: „Meiner Schwester Dr. Lea Pickler."

Es schien wirklich nicht ganz der Schirm meiner Frau zu sein. Aber irgend etwas mußte ich dem Kellner schließlich zurückbringen.

„Hallo, Sie!" Der Kioskinhaber winkte mir zu. Und hier, in eine Ecke gelehnt, wie Bruder und Schwester, standen die beiden streunenden Schirme, der des Obers und der meiner Frau.

Den Blick fest zu Boden gerichtet, reihte ich mich an der Bushaltestelle in die Schlange der Wartenden ein. An meinem Arm baumelten drei Regenschirme, ein schwarzer, ein blauer und ein grüner. Wenn es wenigstens geregnet hätte. Aber leider war strahlender Sonnenschein.

Ich rollte die drei Schirme zu einem Bündel zusammen, als wäre

112

ich ein Schirmvertreter, der mit seinen neuesten Mustern unterwegs ist. Aber auch dadurch konnte ich nicht verhindern, daß mich von allen Seiten mißtrauische Blicke trafen.

Im Bus setzte ich mich ganz nach hinten, in der Hoffnung, daß man von meinen drei Schirmen keine Notiz nehmen würde. Die Umsitzenden enthielten sich auch wirklich aller Kommentare. Offenbar hatten sie sich bereits an mich gewöhnt.

Nach einigen Stationen wagte ich aufzuschauen. Und da – da – mir gegenüber – direkt mir gegenüber ... um Himmels willen! Die sehr dicke Dame. Dieselbe dicke Dame, die ich schon einmal getroffen hatte. Sie fixierte mich. Sie fixierte meine drei Regenschirme. Und sie sagte:

„Einen erfolgreichen Tag gehabt heute, was?"

Dann wandte sie sich an die Umsitzenden und erklärte ihnen folgendes: „Der Kerl klaut Regenschirme, wo er sie sieht, und macht sich aus dem Staub. Ein gesunder junger Mann, gut gekleidet, und stiehlt Regenschirme, anstatt einem anständigen Beruf nachzugehen. Eine Schande. Vor zwanzig Jahren hat es in unserem Land keine solchen Leute gegeben."

Alle stimmten ihr zu.

„Polizei", rief jemand, „man muß ihn der Polizei übergeben."

Die Haltung der Menge wurde immer drohender. Mir blieb keine andere Rettung, als zum Ausgang zu flüchten und so schnell wie möglich den Bus zu verlassen.

Mit einer gewaltigen Kraftanstrengung kämpfte ich mir den Weg frei und sprang hinaus in den Regen.

Schützend hob ich die Hände über meinen Kopf... Die Hände? Beide Hände?

Seither sind in einem Wagen der Autobuslinie 5 drei Regenschirme auf dem Weg in die Ewigkeit.

Ich stand mit geschlossenen Augen im Regen und rührte mich nicht. Das Wasser lief mir in den Kragen, durch meine Unterwäsche, in meine Schuhe. Ich blieb stehen und wartete, bis die Sintflut kommen würde oder besseres Wetter.

Auf Mäusesuche

In einer windigen Nacht wurde ich durch ein gedämpftes Raschelgeräusch in unserem Wäscheschrank geweckt. Auch meine Frau fuhr aus dem Schlaf auf und lauschte mit angehaltenem Atem.

„Eine Maus", flüsterte sie. „Wahrscheinlich ist sie aus dem Garten hereingekommen. Was sollen wir jetzt nur machen? Ich fürchte mich so."

„Vorläufig nichts", antwortete ich, „vielleicht verschwindet sie wieder von selbst."

Sie verschwand aber nicht. Im Gegenteil. Am Morgen entdeckte ich die Spuren ihrer nächtlichen Wühl- und Nagetätigkeit: zwei kaputte Tischtücher.

„Dieses Biest", rief meine Frau zornig, „man muß es vernichten."
In der folgenden Nacht machten wir uns an die Arbeit. Kaum hörten wir die Maus an der Holzwand des Schrankes nagen, drehten wir das Licht an. Ich griff nach einem Besen und riß die Schranktür auf. Im zweiten Fach rechts unten, hinter den Bettdecken, saß zitternd das kleine graue Tierchen. Es zitterte so sehr,

daß auch die langen Barthaare mitzitterten. Nur die stecknadel-
großen, pechschwarzen Augen waren starr vor Angst.

„Ist es nicht süß", seufzte die beste Ehefrau von allen und versteckte sich ängstlich hinter meinem Rücken. „Schau doch, wie
das arme Ding sich fürchtet. Daß du dich unterstehst, es umzu-
bringen. Schaff es in den Garten zurück."

Also streckte ich die Hand aus, um das Mäuschen am Schwanz zu
packen. Es verschwand zwischen den Bettdecken. Und während
ich die Bettdecken entfernte, verschwand das Mäuschen zwischen
den Tischtüchern und dann zwischen den Handtüchern und dann
zwischen den Servietten.

Als ich den Wäscheschrank ganz ausgeleert hatte, saß das kleine
Mäuschen unter der Couch.

„Du dummes Mäuschen", sagte ich mit schmeichelnder Stimme,
„siehst du denn nicht, daß ich nur dein Bestes will?" Und ich warf
mit aller Kraft den Besen nach ihm.

Nach dem dritten mißglückten Versuch rückten wir die Couch in
die Mitte des Zimmers. Das Mäuschen aber saß längst unter dem
Bücherregal. Dank der Hilfe meiner Frau dauerte es nur eine halbe
Stunde, bis wir die Bücher ausgeräumt hatten. Das Tierchen be-
lohnte unsere Mühe, indem es mit einem Satz auf einen Sessel
sprang und sich in der Polsterung verkroch.

„Wehe dir, wenn du ihr etwas tust", warnte mich die beste Ehefrau
von allen.

„Schon gut", knirschte ich wütend, während ich das auseinander-
gefallene Bücherregal wieder zusammenbaute.

116

Gegen fünf Uhr morgens fielen wir total übermüdet ins Bett. Das Mäuschen fraß inzwischen die Polsterung unseres Sessels.

Am Morgen erwachte ich von einem schrillen Schrei. Meine Frau deutete mit zitternden Händen auf unseren Sessel, in dessen Armlehne ein faustgroßes Loch prangte:

„Jetzt reicht es aber! Ephraim, hole einen Kammerjäger!"

Ich rief ein Institut an. Dort teilte man mir mit, daß sie nur die Vernichtung ganzer Mäusefamilien übernähmen.

Da ich nicht vorhatte, Mäusefamilien zu züchten, kaufte ich eine Mausefalle.

Meine Frau protestierte zunächst gegen dieses grausame Instrument. Ich konnte sie aber davon überzeugen, daß die Mausefalle wahrscheinlich doch nicht funktionieren würde.

Abends stellten wir die Falle in einer dunklen Ecke auf. Wir gingen ins Bett, konnten aber nicht einschlafen. Die Nagegeräusche, die aus meiner Schreibtischschublade kamen, störten uns zu sehr.

Plötzlich wurde es ganz still. Meine Frau fuhr entsetzt auf, ich sprang mit einem Triumphschrei aus dem Bett.

Gleich darauf schrie ich wieder, diesmal vor Schmerzen:

Die Falle war zugeschnappt und hatte meine große Zehe eingeklemmt.

Meine Frau machte mir kalte Umschläge. Sie war jedoch erleichtert, daß das Mäuschen nicht in die Falle gegangen war.

Dann nahm sie vorsichtig die Falle und machte die Stahlfeder unschädlich.

Am Morgen wurde ich wieder durch einen Aufschrei meiner Frau

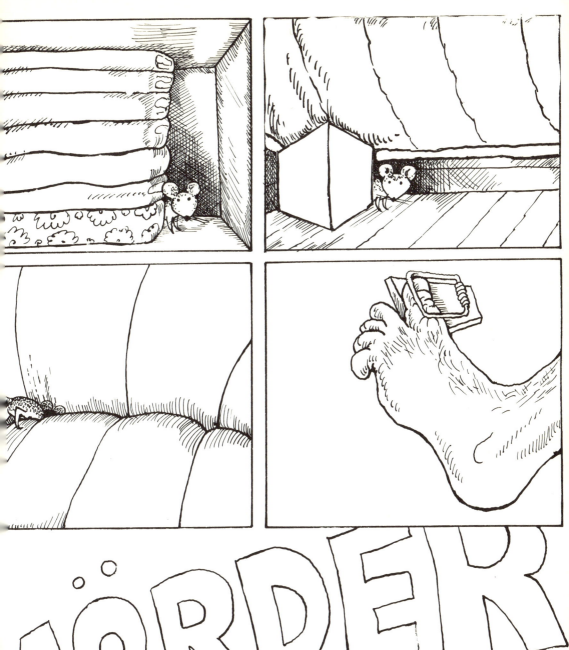

geweckt. Das Mäuschen hatte sich nachts über unsere Reisvorräte hergemacht. Der Reis war unbrauchbar geworden.

„Trag die Mausefalle zur Reparatur", befahl meine Frau.

Da es für Mausefallen keine Ersatzteile gab, kaufte ich eine neue. Zu Hause stellte ich das Mordinstrument in die Zimmerecke und markierte den Weg dorthin mit kleinen Käsestückchen.

Es wurde eine aufregende Nacht. Das Mäuschen hatte sich in meinem Schreibtisch eingenistet und nagte an meinen Manuskripten. Schweigend hörten wir zu. Endlich sagte meine Frau:

„Wenn das arme, kleine Ding in deine Falle geht, ist es aus zwischen uns. Was du tust, ist grausam."

„Aber es läßt uns nicht schlafen", antwortete ich. „Es frißt unsere Wäsche und meine Manuskripte."

Meine Frau schien mich nicht gehört zu haben, und das Knabbern in der Schreibtischschublade ging munter weiter.

Als der Morgen dämmerte, schliefen wir endlich ein.

Wir erwachten am späten Vormittag. Es war vollkommen still.

In der Zimmerecke aber, dort, wo die Mausefalle stand... dort sahen wir... im Drahtgestell... etwas Kleines... Graues...

„Mörder!" Das war alles, was meine Frau zu mir sagte.

Seither haben wir kein Wort miteinander gesprochen. Und was noch schlimmer ist: Wir haben uns an das vertraute Knabbergeräusch so gewöhnt, daß wir nicht mehr schlafen können.

Bekannten gegenüber meinte meine Frau, das sei eine gerechte Strafe für meine Grausamkeit.

120

Seligs Radio hat Störungen

Wir haben Schwierigkeiten mit unseren Nachbarn, den Seligs. Was die mit ihrem Radio machen, ist einfach unerträglich. Jeden Abend um 6 Uhr, wenn Felix Selig müde von der Arbeit nach Hause kommt, führt ihn sein erster Weg zum Radio. Und er stellt es auf volle Lautstärke. Ob Nachrichten, Musik oder Vorträge gesendet werden, ist ihm gleichgültig. Hauptsache, es macht Lärm. Und dieser Lärm dringt bis in die entlegensten Winkel unserer Wohnung.

Wir überlegten, was wir dagegen tun könnten. Meine Frau, die die Seligs einmal besuchte, meinte, daß das Radio bei uns noch lauter dröhnt als in der Wohnung der Seligs. Jedenfalls ist die Trennwand zwischen den beiden Wohnungen so dünn, daß wir abends beim Ausziehen das Licht löschen, um keine lebenden Bilder an die Wand zu werfen. Außerdem hört man durch diese Wand selbst das leiseste Flüstern.

Wir mußten also einsehen: Nur ein Wunder konnte uns retten. Und das Wunder geschah.

Eines Abends, als Seligs Radio wieder einmal seinen ohrenbetäubenden Lärm entfaltete, rasierte ich mich gerade.

Kaum hatte ich den Rasierapparat eingeschaltet, begann es in Seligs Radio laut zu knacksen. Ich zog den Stecker heraus - das Knacksen hörte auf. Ich steckte ihn wieder ein - es knackste und krachte. Dann hörte ich Felix Seligs Stimme:

„Erna, was ist mit unserem Radio los? Das Knacksen macht mich verrückt!"

Mir eröffneten sich ungeahnte Möglichkeiten.

Als Felix Selig am nächsten Abend um 6 Uhr nach Hause kam, wartete ich bereits, den Rasierapparat in der Hand. Felix ging wie immer sofort zum Radio und drehte es an. Ich wartete eine Minute, dann steckte ich den Stecker ein. Augenblicklich verwandelte sich in der Nachbarwohnung eine wunderschöne Klavierpassage in ein lautes Krkrkrk. Felix wartete zunächst ab, offenbar in der Hoffnung, daß die Störung bald vorbei sein würde. Endlich hatte er genug.

„Hör auf, um Himmels willen!" brüllte er völlig entnervt den Kasten an. Seine Stimme klang so beschwörend, daß ich schnell den Stecker des Rasierapparates aus der Wand zog.

Jetzt stellte Felix das Radio ab, rief mit heiserer Stimme nach seiner Frau und sagte, für uns gut verständlich:

„Erna, es ist etwas sehr Merkwürdiges passiert. Der Apparat hat geknackst, ich habe ‚Hör auf!' gebrüllt - und er hat aufgehört."

„Felix", antwortete seine Frau, „du bist überarbeitet, das merke ich schon seit längerer Zeit. Geh heute etwas früher schlafen!"

122

„Du glaubst mir nicht?" brauste Felix auf. „Höre selbst!" Und er drehte das Radio an.

Meine Frau und ich konnten uns gut vorstellen, wie die beiden vor dem Kasten standen und auf das Knacksen warteten.

„Ganz wie ich sagte", meinte Frau Selig. „Du redest dummes Zeug. Wo bleibt das Knacksen?"

„Wenn ich es dir vorführen will, kommt natürlich nichts", fauchte der enttäuschte Felix. Dann wandte er sich herausfordernd an das Radio: „Also, willst du nun knacksen, was?"

Ich schaltete den Rasierapparat ein. Krkrkrk.

„Tatsächlich", flüsterte Erna, „jetzt knackst er. Es ist wirklich unheimlich. Ich habe Angst. Sag ihm, daß er aufhören soll."

„Hör auf", sagte Felix mit gepreßter Stimme, „bitte hör sofort auf..."

Ich zog den Stecker heraus.

Am nächsten Tag traf ich Felix im Treppenhaus. Er sah angegriffen aus, ging ein wenig schlotternd, und unter seinen verquollenen Augen hatte er große dunkle Ringe. Wir sprachen zuerst über das schöne Wetter - dann faßte mich Felix plötzlich am Arm und fragte:

„Glauben Sie an übernatürliche Kräfte?"

„Selbstverständlich nicht. Warum?"

„Ich frage nur."

„Mein Großvater, der ein sehr gescheiter Mann war", sagte ich sinnend, „glaubte an derartige Dinge."

„An Geister?"

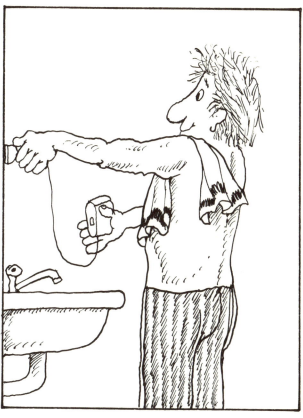

„Nicht gerade an Geister. Aber er war überzeugt, daß tote Gegenstände – es klingt ein wenig lächerlich, entschuldigen Sie – also, daß Dinge wie ein Tisch, eine Schreibmaschine, ein Plattenspieler ihre eigene Seele haben. Was ist los mit Ihnen, mein Lieber?"

„Nichts … danke …"

„Mein Großvater schwor, daß sein Plattenspieler ihn haßte. Was sagen Sie zu diesem Unsinn?"

„Er haßte ihn?" fragte Felix zitternd.

„So behauptete er jedenfalls. Und eines Nachts – aber das hat natürlich nichts damit zu tun – fanden wir ihn. Er lag neben dem Plattenspieler und war tot. Die Platte lief noch."

„Entschuldigen Sie", sagte mein Nachbar. „Mir ist ein wenig übel."

Schnell lief ich die Treppe hinauf, sauste in meine Wohnung und legte den Rasierapparat bereit. Ich konnte hören, wie Felix Selig in der Nebenwohnung mehrere Gläser Cognac trank, bevor er das Radio anstellte.

„Du haßt mich", rief der aufgeregte Mann, „ich weiß, daß du mich haßt."

Krkrkrk. Ich schaltete für etwa zwei Minuten meinen Rasierapparat ein.

„Was haben wir dir getan?" erklang Frau Seligs flehende Stimme. „Haben wir dich schlecht behandelt?"

Jetzt war es soweit. Unser Plan konnte beginnen. Meine Frau ging hinüber zu den Seligs.

Schmunzelnd hörte ich mit an, wie die Seligs meiner Frau erzählten, daß ihr Radio übernatürliche Kräfte hätte.

Nach einigem Nachdenken rückte meine Frau mit dem Vorschlag heraus, das Radio zu beschwören.

„Geht das denn?" riefen die zwei Seligs. „Können Sie das? Dann tun Sie es bitte!"

Das Radio wurde wieder angedreht. Der große Augenblick war da.

„Geist im Radio", rief die beste Ehefrau von allen. „Wenn du mich hörst, gib uns ein Zeichen!"

Rasierapparat einstellen. – Krkrkrk.

„Ich danke dir."

Rasierapparat abstellen.

„Geist", rief meine Frau, „gib uns ein Zeichen, ob dieses Radio in Betrieb bleiben soll?"

Rasierapparat bleibt abgestellt.

„Willst du vielleicht, daß es lauter spielen soll?"

Rasierapparat bleibt abgestellt.

„Dann willst du vielleicht, daß die Seligs ihr Radio überhaupt nicht mehr benützen sollen?"

Rasierapparat einschalten.

Rasierapparat einschalten! Einschalten!!!

Um Himmels willen, warum hört man nichts... kein Knacksen, kein Krkrkrk, nichts...

Der Rasierapparat streikte. Die Batterie war ausgebrannt, oder sonstwas. Jahrelang war er tadellos gegangen, und gerade jetzt...

„Geist, hörst du mich?" Meine Frau hob die Stimme. „Ich frage: Willst du, daß die Seligs aufhören, diesen entsetzlichen Kasten zu verwenden? Gib uns ein Zeichen! Antworte!!"

Verzweifelt stieß ich den Stecker in den Kontakt, wieder und wieder – es half nichts. Nicht das leiseste Krkrkrk erklang. „Warum knackst du nicht?" rief meine Frau, nun schon ein wenig schrill. „Gib uns ein Zeichen, du Idiot! Sag den Seligs, daß sie nie wieder ihr Radio spielen sollen! Ephraim!!"

Jetzt war sie etwas zu weit gegangen. Ich glaubte zu sehen, wie die Seligs sich mit einem vielsagenden Blick zu ihr umwandten…

Am nächsten Tag ließ ich den Rasierapparat reparieren.

„Die Batterie war ausgebrannt", sagte mir der Elektriker. „Ich habe eine neue hineingetan. Jetzt wird es auch in Ihrem Radio keine Störungen mehr geben."

Und seither dröhnt das Radio unserer Nachbarn ungestört in jedem Winkel unserer Wohnung.

So kleben wir alle Tage

Vor einigen Monaten hatte irgend jemand die tolle Idee, daß Bilderbücher für Kinder viel interessanter wären, wenn die Kinder die Bilder selbst einkleben und mit dem übrigbleibenden Klebstoff Möbel und Teppiche bekleckern können. Das Ergebnis dieser Idee ist ein Album „Die Wunder der Welt". Es hat insgesamt sechsundvierzig Seiten, auf jeder ist Platz für neun einzuklebende Bilder, welche in der Spielwarenhandlung Selma Blum angekauft werden müssen. Die Bilder sind besonders lehrreich, weil sie den Kindern auf lustige, leichtverständliche und vielfach farbige Art über den Werdegang unserer Erde belehren, angefangen von den Ungeheuern aus der Steinzeit über die Pyramiden bis zu den modernen Druckerpressen, die in der kürzesten Zeit 100 000 Bilder herstellen, damit sie das Kind in etwas längerer Zeit einkleben kann. Die Druckmaschinen arbeiten vierundzwanzig Stunden am Tag. Sie arbeiten für meinen Sohn Amir. Der Trick dieser neumodischen Sache besteht darin, daß Frau

Blum die Bilder in geschlossenen Umschlägen verkauft und daß die Kinder immer eine Unzahl doppelte erwerben, bevor sie ein neues Bild finden. Dadurch verbrauchen sie zwar einerseits ihr ganzes Taschengeld, lernen jedoch durch das notwendige Tauschen, wie sie Geschäfte machen müssen.

Mein Sohn Amir zeigt auf diesem Gebiet ein sehr beachtliches Talent. Man kann ruhig sagen, daß er den Markt beherrscht. Seit Monaten gibt er sein ganzes Taschengeld für Bilder aus. Sein Zimmer quillt über von den Wundern der Welt. Wenn man eine Lade öffnet, taumelt ein Dutzend Brontosaurier hervor.

„Sohn", frage ich ihn eines Tages, „dein Album kann längst keine Wunder mehr fassen. Warum kaufst du doch noch immer welche?"

„Für alle Fälle", antwortete Amir.

Zu seiner Ehre muß gesagt sein, daß er keine Ahnung hat, was er da überhaupt einklebt. Er liest die dazugehörigen Texte nicht. Über die Zentrifugalkraft weiß er zum Beispiel nichts anderes, als daß er von seinem Freund Gilli dafür zwei Schwertfische und eine Messerschmitt-Maschine Nr. 109 bekommen hat.

Außerdem stiehlt er. Ich entdeckte das während eines meiner seltenen Nachmittagsschläfchen, als ich zufällig die Augen öffnete und meinen rothaarigen Sohn dabei ertappte, wie er in meinen Hosentaschen etwas suchte.

„Was tust du da?" fragte ich.

„Ich suche Geld. Gilli braucht einen Seeigel."

„Da soll doch der liebe Gilli von seinem Papi das Geld stehlen."
„Kann er nicht. Sein Papi ist nervös."

Ich beriet mich mit der Mutter des Täters. Wir beschlossen, mit Amirs Lehrerin zu sprechen, die auch noch einige andere Lehrer hinzuzog. Es wurde eine massenhaft besuchte Elternversammlung.

Nach Meinung des Lehrers beläuft sich die Anzahl der im Besitz der Schüler befindlichen Bilder auf drei bis vier Millionen in jeder Klasse.

„Vielleicht", meinte einer der Lehrer, „sollte man den Kindern kein Taschengeld mehr geben, dann können sie auch keine Bilder mehr kaufen."

Da erzählte ich sorgenvoll, daß Amir auch so bereits zu stehlen begänne. Allgemeines Gelächter antwortete mir.

„Mein Sohn", berichtete eine gebeugte Mutter, „hat unlängst einen bewaffneten Raubüberfall unternommen. Er drang mit einem Messer auf seinen Großvater ein, der sich geweigert hatte, ihm Geld für den Ankauf von Bildern zu geben."

Mehrere Väter schlugen vor, für längere Zeit kein Papier mehr zu kaufen, um die Papierhersteller für die Bildchen zu strafen. Andere wollten für mindestens ein halbes Jahr den Kauf von Klebstoff verbieten lassen. Ein Gegenvorschlag, vorgebracht von einem gewissen Herrn Blum, empfahl: Man sollte den Kindern so viele Bilder kaufen, bis sie endgültig genug davon hätten. Dieser Vorschlag wurde angenommen.

Am nächsten Tag brachte ich einen ganzen Korb voll mit neuen Bildern nach Hause, darunter die „Kultur der Azteken" und „Leonardos erstes Flugzeug".

Amir nahm mein Geschenk ohne sonderliche Aufregung entgegen. Er verwendete die Bilder zu Tauschzwecken und stopfte sie in alle noch aufnahmefähigen Schubladen und Kasten. Die übrigen stapelte er im Flur. Seither muß ich mir jeden Morgen mit einer Schaufel den Weg zur Haustür freilegen. Das Badezimmer ist von Dinosauriern blockiert. Und das Album, mit dem der ganze Ärger angefangen hat, ist längst unter den „Gesteinsbildungen der Tertiärzeit" begraben.

Gestern gelang es mir, mein Arbeitszimmer so weit zu säubern, daß ich mich in den freigewordenen Schaukelstuhl setzen konnte, um ein wenig zu lesen.

Plötzlich stand mein Sohn vor mir, in der Hand etwa fünfzig identische Fotos des bekannten Fußballstars Giora Spiegel.

„Ich habe auch schon zweiundzwanzig Pelé und ein Dutzend Beckenbauer", informierte er mich nicht ohne Stolz.

Die „Welt des Sports" war auf der Bildfläche erschienen und machte den „Wundern der Welt erbarmungslose Konkurrenz. Ich verabschiede mich von Euch. Es war schön, jahrelang für Euch zu schreiben. Solltet Ihr längere Zeit nichts von mir hören, dann sucht nach mir am besten in der linken Ecke des Wohnzimmers unter dem Haufen schußkräftiger südamerikanischer Flügelstürmer und europäischer Tormänner.

133

Ein schönes Spielchen

Wir waren schon eine ganze Weile lang am Tisch gesessen und hatten wortlos in unserem Kaffee gerührt. Jossele langweilte sich.
„Weißt du was?" sagte er endlich. „Spielen wir Poker!"
„Nein", sagte ich. „Ich hasse Karten. Ich verliere immer."
„Wer spricht von Karten? Ich meine jüdisches Poker."
Jossele erklärte mir kurz die Regeln. Jüdisches Poker wird ohne Karten gespielt, nur im Kopf.
„Du denkst dir eine Zahl, und ich denk' mir eine Zahl", erklärte mir Jossele. „Wer sich die höhere Zahl gedacht hat, gewinnt. Das klingt sehr leicht, aber es hat viele Fallen. Also?"
„Einverstanden", sagte ich. „Spielen wir."
Jeder von uns setzte fünf Piaster ein, dann lehnten wir uns zurück und begannen uns Zahlen zu denken. Alsbald deutete mir Jossele durch eine Handbewegung an, daß er seine Zahl gefunden hätte. Ich bestätigte, daß auch ich soweit sei.
„Gut", sagte Jossele. „Laß deine Zahl hören."

134

„11", sagte ich.

„12", sagte Jossele und steckte das Geld ein. Ich hätte mich ohrfeigen können. Denn ich hatte zuerst 14 gedacht und war im letzten Augenblick auf 11 heruntergegangen, ich weiß selbst nicht warum.

„Höre", sagte ich zu Jossele. „Was wäre geschehen, wenn ich 14 gedacht hätte?"

„Dann hätte ich verloren. Das ist ja die Spannung daran, daß man nie wissen kann, wie es ausgeht. Aber wenn deine Nerven dafür zu schwach sind, dann sollten wir vielleicht aufhören."

Ohne ihm zu antworten, legte ich zehn Piaster auf den Tisch. Jossele tat desgleichen. Ich dachte sorgfältig über meine Zahl nach und kam mit 18 heraus.

„Verdammt", sagte Jossele. „Ich hab' nur 17."

Mit zufriedenem Lächeln strich ich das Geld ein. Jossele hatte sich wohl nicht träumen lassen, daß ich die Tricks des Spiels so rasch begreifen würde. Er hatte mich wahrscheinlich auf 15 oder 16 geschätzt, aber bestimmt nicht auf 18. Jetzt, in seinem begreiflichen Ärger, schlug er eine Verdoppelung des Einsatzes vor.

„Wie du willst", sagte ich und konnte einen kleinen Triumph in meiner Stimme nur mühsam unterdrücken, weil ich mittlerweile auf eine phantastische Zahl gekommen war: 35!

„Komm heraus", sagte Jossele.

„35!"

„43!"

Damit nahm er die vierzig Piaster an sich. Ich fühlte, wie mir das Blut zu Kopf stieg. Meine Stimme bebte:

„Darf ich fragen, warum du vorhin nicht 43 gesagt hast?"

„Weil ich mir 17 gedacht hatte", antwortete Jossele ungeduldig. „Das ist ja eben das Aufregende an diesem Spiel, daß man nie –"

„Ein Pfund", unterbrach ich trocken und warf eine Banknote auf den Tisch. Jossele legte seine Pfundnote herausfordernd langsam daneben. Die Spannung wuchs ins Unerträgliche.

„54", sagte ich mit gezwungener Gleichgültigkeit.

„Zu dumm!" fauchte Jossele. „Auch ich hab' mir 54 gedacht. Gleichstand. Wir müssen noch einmal spielen."

In meinem Hirn arbeitete es blitzschnell. Du glaubst wahrscheinlich, daß ich wieder mit 11 oder etwas Ähnlichem herauskommen werde, mein Junge! Aber du wirst eine Überraschung erleben... Ich wählte die unschlagbare Ziffer 69 und sagte:

„Jetzt kommst einmal du als erster heraus, Jossele."

„Bitte sehr." Mit verdächtiger Eile stimmte er zu. „Mir kann's recht sein. 70!"

Ich mußte die Augen schließen. Mein Herz klopfte wie blöd.

„Also?" drängte Jossele. „Wo bleibt deine Zahl?"

„Jossele", flüsterte ich und senkte den Kopf. „Ob du's glaubst oder nicht: ich hab' sie vergessen."

„Lügner!" fuhr Jossele auf. „Du hast sie nicht vergessen, ich weiß es. Du hast dir eine kleinere Zahl gedacht und willst jetzt nicht damit herausrücken! Ein alter Trick! Schäm dich!"

Am liebsten hätte ich ihm die Faust in seine widerwärtige Fratze geschlagen. Aber ich beherrschte mich, erhöhte den Einsatz auf zwei Pfund und dachte im gleichen Augenblick „96" – eine wahrhaft mörderische Zahl.

„Komm heraus, du Stinktier!" zischte ich in Josseles Gesicht. Jossele beugte sich über den Tisch und zischte zurück:

„1683!"

Eine haltlose Schwäche durchzitterte mich.

„1800", flüsterte ich kaum hörbar.

„Gedoppelt!" rief Jossele und ließ die vier Pfund in seiner Tasche verschwinden.

„Wieso gedoppelt? Was soll das heißen?!"

„Nur ruhig. Wenn du beim Poker die Selbstbeherrschung verlierst, verlierst du Hemd und Hosen", sagte Jossele lehrhaft. „Jedes Kind kann dir erklären, daß meine Ziffer als gedoppelte höher ist als deine. Und deshalb..."

„Genug!" schnarrte ich und schleuderte eine Fünfpfundnote auf den Tisch. „2000!"

„2417!"

„Gedoppelt!" Mit höhnischem Grinsen griff ich nach dem Einsatz, aber Jossele fiel mir in den Arm.

„Zurückgedoppelt!" sagte er mit unverschämtem Nachdruck, und die zehn Pfund gehörten ihm. Vor meinen Augen flatterten blutigrote Schleier.

„So einer bist du also", brachte ich mühsam hervor. „Mit solchen

138

Mitteln versuchst du mir beizukommen! Als hätte ich's beim letztenmal nicht ganz genauso machen können."

„Natürlich hättest du's ganz genauso machen können", bestätigte mir Jossele. „Es hat mich sogar überrascht, daß du es nicht gemacht hast. Aber so geht's im Poker, alter Freund. Entweder kannst du es spielen, oder du kannst es nicht spielen. Und wenn du es nicht spielen kannst, dann laß die Finger davon."

Der Einsatz betrug jetzt zehn Pfund.

„Deine Ansage, bitte!" knirschte ich.

Jossele lehnte sich zurück und gab mit herausfordernder Ruhe seine Zahl bekannt:

„4."

„100 000!" trompetete ich.

Ohne das geringste Zeichen von Erregung kam Josseles Stimme: „Ultimo!" Und er nahm die zwanzig Pfund an sich.

Schluchzend brach ich zusammen. Jossele strich mir tröstend über den Scheitel und belehrte mich, daß nach irgendeiner Regel der, der als erster „Ultimo" ansagt, auf jeden Fall und ohne Rücksicht auf die Zahl gewinnt. Das sei ja gerade der Spaß am Poker, daß man innerhalb weniger Sekunden...

„Zwanzig Pfund!" Aufwimmernd legte ich mein letztes Geld in die Hände des Schicksals.

Josseles zwanzig Pfund lagen daneben. Auf meiner Stirn standen kalte Schweißperlen. Ich faßte Jossele scharf ins Auge.

Er gab sich den Anschein völliger Gelassenheit, aber man

140

konnte doch sehen, wie seine Lippen ein wenig zitterten, als er mich schließlich fragte:

„Wer sagt an?"

„Du", antwortete ich lauernd. Und er ging mir in die Falle wie ein Gimpel.

„Ultimo", sagte er und streckte die Hand nach dem Goldschatz aus.

Jetzt war es an mir, seinen Griff aufzuhalten.

„Einen Augenblick", sagte ich eisig. „Ben Gurion!"

Und schon hatte ich die vierzig Pfund bei mir geborgen. „Ben Gurion ist noch stärker als Ultimo", erläuterte ich. „Aber es wird spät. Wir sollten Schluß machen, alter Freund."

Schweigend erhoben wir uns. Ehe wir gingen, unternahm Jossele einen kläglichen Versuch, sein Geld zurückzubekommen. Er behauptete, das mit Ben Gurion sei eine Erfindung von mir.

Ich widersprach ihm nicht. Aber, so sagte ich, darin besteht ja gerade der Reiz des Pokerspiels, daß man gewonnenes Geld niemals zurückgibt.

Renana und die Puppen

Das Unglück begann, als im Kindergarten ein Knabe namens Doron verkündete:
„Ich hab' Theater geseh'n."
Das genügte Renana. Sie kam sofort zu ihrem Papi gelaufen und rief:
„Ich will auch Theater haben!"
„Du bist noch zu klein, um ins Theater zu gehen", antwortete ich.
„Das kommt nicht in Frage, verstanden? Und damit Schluß."
Am nächsten Abend besuchten wir eine Vorstellung des Teatro dei Piccoli, ein berühmtes Marionettentheater aus Italien, das gerade in Israel spielte.
Schon unterwegs konnte ich feststellen, daß Renana eine sehr heftige Beziehung zum Theater besaß, eine Art Naturbegabung, die sie zur Bühne hinzog. Sie sagte es selbst:
„Wenn ich groß bin, will ich Theater spielen."
„Und was willst du spielen?"

„Schnurspringen."

Vielleicht lag es daran, daß sie noch nie im Theater war und deshalb ein wenig erschrak, als es im Zuschauerraum dunkel wurde.

„Papi", flüsterte sie ängstlich, „warum wird's finster?"

„Im Theater wird's immer finster."

„Warum?"

„Weil jetzt die Vorstellung beginnt."

„Aber warum im Finstern?"

Wie sollte ich es ihr bloß erklären?

„Renana", sagte ich streng, „sei still, oder wir gehen."

Zum Glück hob sich der Vorhang, und die Bühne war alsbald von einer Menge kunstvoll bewegter Marionetten bevölkert.

Renana betrachtete sie mit aufgerissenen Augen.

„Papi, warum tanzen die dummen Puppen?"

„Sie freuen sich, daß Renana ihnen zuschaut."

„Dann sollen sie's sagen, aber nicht tanzen. Genug getanzt, dumme Puppen!" rief sie zur Bühne hinauf. „Aufhören!"

„Pst! Schrei nicht!"

„Aber warum tanzen sie?"

„Es ist ihr Beruf. Papi schreibt, Renana ruiniert Möbel, und Puppen tanzen."

Auf diese Auskunft hin begann Renana das Lied von den drei kleinen weißen Mäusen zu singen, und zwar ziemlich laut. Unter unseren Sitznachbarn machte sich Ärger bemerkbar. Einige machten unverschämte Bemerkungen über idiotische Eltern,

144

die ihre dummen Kinder ins Theater mitnehmen. Da Renana auf diese Feindseligkeiten mit Tränen zu reagieren drohte, versuchte ich sie schnell abzulenken:

„Siehst du, wie hoch die Puppe dort springt?"

„Keine Puppe", widersprach Renana. „Schauspielmann."

„Das ist kein Schauspieler, Liebling. Das ist eine Marionette. Eine Puppe aus Holz und an Fäden."

„Mann", beharrte Renana.

„Aber du siehst doch, daß sie aus Holz geschnitzt ist."

„Holz? Wie ein Baum?"

„Nein. Wie ein Tisch."

„Und die Fäden? Warum Fäden?"

„Alle diese Puppen werden an Fäden gezogen."

„Nicht Puppen. Schauspielmänner."

Da sich Renana von mir allein nicht überzeugen ließ, rief ich den Platzanweiser zu Hilfe:

„Sagen Sie bitte, lieber Herr Oberplatzanweiser – sind das dort oben Schauspieler oder nur Puppen?"

„Selbstverständlich Schauspieler", antwortete der Schwachkopf und zwinkerte mir zu. „Echte, lebendige Schauspieler."

„Siehst du", sagte Renana. Sie hat ohnehin keine sehr hohe Meinung von mir. Und jetzt wollte ich ihr gar noch einreden, daß Puppen tanzen und singen können...

„Warum hab' *ich* keine Fäden?" begehrte sie zu wissen.

„Weil du keine Puppe bist."

„Doch, ich bin eine. Mami hat schon oft Puppe zu mir gesagt." Und sie begann zu weinen.

„Du bist eine Puppe, du bist eine kleine, süße Puppe", beruhigte ich sie. Aber ihre Tränen versiegten erst, als auf der Bühne eine größere Anzahl von Tieren erschien.

„Wauwau", machte Renana. „Miau! Kikeriki! Was ist das dort, Papi?"

Sie deutete auf ein hölzernes Unding, das wie eine Mischung aus Eichhörnchen und Kalb aussah.

„Ein schönes Tier, nicht wahr, Renana?"

„Ja. Aber was für eines?"

„Ein Gnu", sagte ich verzweifelt.

„Warum?" fragte Renana.

Ich verließ das Theater abgemagert und um mindestens ein Jahr gealtert. Renana hingegen hatte nichts von ihrer Munterkeit eingebüßt.

„Mein Papi sagt", erklärte sie der mit uns hinausströmenden Menge, „daß die Schauspielmänner mit Fäden angebunden sind, damit sie nicht davonlaufen können."

Die Menge maß mich mit verächtlichen Blicken, die ungefähr besagten: Es ist doch unglaublich, welchen Blödsinn manche Väter ihren Kindern erzählen. Und die Polizei steht daneben und tut nichts.

Amir gewinnt

Von einer Auslandsreise brachte ich meinem Sohn Amir ein Tischfußballfeld mit. Der Fußballtisch besteht aus einem hellgrün angestrichenen Spielfeld mit einem Tor an jedem Ende und einer Anzahl von Querstangen, an denen auf beiden Seiten gleichviel grüne und orangefarben bemalte Spielerfiguren befestigt sind.

An beiden Enden jeder Querstange befindet sich ein Griff, durch dessen Drehung die Spielerfiguren so bewegt werden können, daß sie einen kleinen hölzernen Ball auf das gegnerische Tor zutreiben und womöglich ins Tor hinein.

Es ist ein bezauberndes Spiel, und Amir fand an der Sache sofort Gefallen. Anfangs machte er mir den Eindruck einer gewissen Ungeschicktheit, aber es stellte sich bald heraus, daß er für das Mini-Fußballspiel überhaupt keine Begabung besaß.

Nun, was soll's.

Er kann sehr hübsch zeichnen und sehr gut kopfrechnen, also

macht's nicht viel, daß er mit den Händen nicht so geschickt ist. Nicht, als wäre er außerstande, die Handgriffe an den Querstangen zu betätigen. Er betätigt sie. Nur gerät der Ball bei ihm niemals in die Richtung des fremden Tors.

Ich mache mir deshalb keine übermäßigen Sorgen. Der Junge ist ansonsten recht gescheit und lebhaft.

Am lebhaftesten ist sein Ehrgeiz entwickelt. Amir will unbedingt Sieger bleiben. Wann immer er ein Tischfußballspiel gegen einen seiner Klassenkameraden verliert, wird sein Gesicht so rot wie seine Haare, und dicke Tränen rinnen ihm über die Wangen. Obendrein ist er, um das Unglück voll zu machen, ein leidenschaftlicher Tischfußballspieler. Er träumt von nichts anderem als von diesem Spiel; und natürlich davon, daß er gewinnt.

Er hat den Holzpuppen, die seine Mannschaft bilden, sogar Namen gegeben. Die Stürmer heißen samt und sonders Pelé, der Tormann heißt Sepp Maier, und alle übrigen heißen Bloch, nach dem besten Fußballspieler seiner Klasse.

Infolge der zahlreichen Niederlagen, die er von seinen Freunden erdulden mußte, will Amir neuerdings nur noch gegen mich antreten. Dabei wirft er mir stumme Blicke zu, als wollte er mich beschwören:

„Verlier, Papi! Bitte verlier!"

Ich muß gestehen, daß ich das als unfair empfinde. Warum soll ich verlieren? Auch ich gewinne lieber wie jeder normale Mensch. Wenn er siegen will, dann soll er eben besser spielen.

Ich versuchte, ihm meine Haltung zu erklären:

„Paß auf, Amir. Ich bin groß, und du bist klein, stimmt das?"

„Ja."

„Was würdest du von einem Papi halten, der sich von seinem kleinen Sohn besiegen läßt? Wäre ein solcher Papi in deinen Augen etwas wert?"

„Nein."

„Warum machst du dann so ein Theater, wenn du verlierst?"

„Weil ich gewinnen will!"

Und er begann heftig zu schluchzen.

An dieser Stelle griff seine Mutter ein:

„Laß ihn doch nur ein einziges Mal gewinnen, um Himmels willen", flüsterte sie mir zu. „Du muß Rücksicht nehmen. Wer weiß, was für seelischen Schaden du ihm zufügst, wenn du immer gewinnst…"

Ich unternahm eine übermenschliche Anstrengung, um Rücksicht zu nehmen. Immer wenn einer seiner Pelés den Ball gegen mein Tor trieb, holte ich meinen Tormann höflich aus dem Weg, nur um Amir eine Chance zu geben, mir wenigstens einmal ein Tor zu schießen.

Aber woher denn. Er kann sehr gut kopfrechnen, aber er wird wohl nie imstande sein, einen hölzernen Ball selbst in ein Tor zu treiben.

Angesichts solcher Unfähigkeit verfiel ich auf den verzweifelten Ausweg, mir ein Eigentor zu schießen. Ich drehte die Kurbel

150

meines Mittelstürmers ... der Ball sprang an die Querstange ...
sprang zurück ... und rollte langsam und unaufhaltsam in Amirs
Tor.

Neuerliches Geheul war die Folge und wurde von einem hemmungslosen Wutausbruch abgelöst. Amir packte das Tischfußballspiel, schleuderte es zu Boden, mitsamt allen Querstangen, Spielern und dem Holzball.

„Du willst mich nicht gewinnen lassen!" brüllte er. „Das machst du mit Absicht!"

Ich hob das verwüstete Spielfeld auf und baute es behutsam wieder zusammen. Dabei bemerkte ich, daß drei meiner Spieler ihre Köpfe verloren hatten und nur noch halb so groß waren wie zuvor.

„Jetzt hast du mir die Mannschaft zerbrochen", sagte ich.
„Wie soll ich mit diesen Stürmern weiterspielen? Sie kippen ja um und können den Ball nicht weitertreiben."

„Macht nichts." Amir blieb ungerührt. „Spielen wir trotzdem weiter."

Und in der Tat: Kaum hatten wir das Match wieder aufgenommen, drückte Amir aufs Tempo und gewann allmählich die Oberhand. Ich mochte meine verkürzten Spieler drehen und wenden, wie ich wollte – sie konnten den Ball einfach nicht mehr treffen.

Auf Amirs Seite hingegen wanderte der Ball unbehindert von Bloch zu Pelé, von Pelé I zu Pelé II – und endlich – endlich – ich

152

hob sicherheitshalber das eine Ende des Tisches ein wenig hoch – endlich landete der Ball in meinem Tor.

„Hoho!" Amirs Siegesruf klang voller Triumph. „Tor! Tor! 1:0 für mich! Ich hab' dich geschlagen! Hoho! Ich bin der Sieger ..."

Am nächsten Tag waren alle meine Spieler kopflos. *Ich* hatte sie geköpft. Damit mein Sohn gewinnt, ist mir nichts zu teuer.

Wie man viele Geschenke bekommt

Der fröhlichste jüdische Feiertag heißt Purim und gilt der Erinnerung an den Sieg der Königin Esther über den bösen Haman. Dieses Ereignis wird von unseren Kindern durch ungeheuren Lärm gefeiert, der sich direkt gegen die Ohren der Eltern richtet. Überhaupt können die Kinder zu Purim machen, was sie wollen. Sie verkleiden sich als Erwachsene, benehmen sich auch so, und manchmal gibt es dadurch Ärger. Ich erinnere mich nur zu gut an eines dieser Kinderfaschingsfeste, das alle Straßen überflutete. Ich freute mich sehr über die lustige, fröhliche Schar. Von Zeit zu Zeit blieb ich stehen, streichelte einem kleinen Sheriff das Haar, plauderte mit einem winzigen König oder salutierte vor einem Piloten im Däumlingsformat. Ganz besonders gefiel mir ein kleiner Polizist, der in seiner blauen, ganz genau nachgemachten Uniform an einer Kreuzung seinen erwachsenen Kollegen bei der Verkehrsregelung half. Minutenlang stand ich da und betrachtete ihn begeistert. Endlich wandte er sich an mich:

„Gehen Sie weiter, Herr, gehen Sie weiter", sagte er mit todernstem Gesicht.

„Warum denn? Mir gefällt's hier sehr gut!" Ich zwinkerte ihm lächelnd zu.

„Widersprechen Sie mir nicht!"

„Jetzt machst du mir aber wirklich Angst. Willst mich wohl einsperren, was?"

Der kleine Polizist errötete vor Ärger bis über die Ohren:

„Ihre Ausweiskarte, Ihre Ausweiskarte!" piepste er.

„Da hast du, Liebling. Bedien dich!" Damit reichte ich ihm zwei Kinokarten, die ich in meiner Tasche gefunden hatte.

„Was soll ich damit, zum Teufel?" brüllte er mich an.

Jetzt konnte ich nicht länger an mich halten, nahm ihn auf meine Arme und fragte ihn, wo seine Eltern wohnten, damit ich ihn am Abend nach Hause bringen könnte. Aber mein kleiner Freund war beleidigt. Nicht einmal der Kaugummi, den ich ihm schnell kaufte, versöhnte ihn. Und als ich ihn gar noch in die rosigen Backen kniff, zog er eine Trillerpfeife heraus und setzte sie schrill in Betrieb.

Bald darauf kam mit heulenden Sirenen das Überfallkommando angesaust. Ich wurde verhaftet und auf die nächste Polizeistation gebracht, wo man mich wegen ungehörigen Benehmens gegen ein diensttuendes Amtsorgan ins Gefängnis sperrte. Der Kleine war ein echter Polizist.

An dem Purimtag, von dem ich jetzt erzählen will, war ich vor-

156

sichtiger. Ich hängte eine Tafel mit der Aufschrift „Achtung, bissiger Hund!" vor meine Türe, zog mich zurück und schlief.

Gegen drei Uhr nachmittags träumte ich von einem Expreßzug, der unter fürchterlichem Getöse über eine Eisenbrücke fuhr. Allmählich merkte ich, daß es sich hier gar nicht um einen Traum handelte: von draußen wurde krachend gegen meine Türe angetobt. Ich reagierte nicht, in der Hoffnung, daß die Zeit für mich arbeiten würde. Aber sie stand auf seiten des Angreifers. Nach einer Viertelstunde gab ich es auf, erhob mich und öffnete.

Ein spindelbeiniger mexikanischer Posträuber von etwa neunzig Zentimetern Höhe empfing mich mit gezücktem Revolver. „Chaxameach!" sagte der Mexikaner. „Schlachmones!" Das sollte wohl heißen: Fröhliches Purimfest und Geschenke her. Er sprach noch weiter, aber ich verstand ihn nicht mehr, weil er gleichzeitig aus seinem Revolver zu feuern begann und damit mein Hörvermögen für geraume Zeit außer Kraft setzte. Als ich ihn seine Schußwaffe von neuem laden sah, ergriff ich eilig eine Blumenvase vom nächsten Tisch und händigte sie ihm aus. Der Mexikaner prüfte den Wert des Geschenkes, gab mir durch eine Handbewegung zu verstehen, daß die Angelegenheit ritterlich ausgetragen sei und wandte sich der Türe meines Nachbarn zu, auf die er mit Füßen und Fäusten losdrosch. In etwas besserer Laune zog ich mich wieder zurück.

Meine Niederlage schien sich sehr rasch herumgesprochen zu haben, denn fünf Minuten später schlug ein schwerer Gegenstand dumpf gegen meine Türe und gleich darauf erfolgte eine Reihe von Explosionen, daß die Mauern zitterten und größere Brocken Mörtel sich von der Wand lösten. Ich sauste hinaus und stand einem Kommando gegenüber, das aus zehn Kindern bestand, einen Rammbock mit sich führte und hochexplosive Knallfrösche in meine Wohnung schleuderte. Der Führer des kleinen, aber hervorragend organisierten Stoßtrupps war ein dicklicher, als Tod kostümierter Knabe.

„Chag Hapurim!" schnarrte er mich an. „Blumenvasen!"
Entschuldigend brachte ich vor, daß ich keine Blumenvasen auf Lager hätte. Der Tod erklärte sich bereit, auch Süßigkeiten entgegenzunehmen. Ich verteilte meinen gesamten Vorrat an Schokolade, aber die Nachfrage überstieg das Angebot.

„*Noch* Schokolade!" brüllte ein brasilianischer Kaffeepflanzer. „Es ist Purim!"
Ich beteuerte, daß ich wirklich keine Schokolade mehr versteckt hätte.

Vergebens. Platzpatronen knallten und Kracher explodierten. Von Panik erfaßt, rannte ich in die Küche, raffte den Arm voll Konservendosen und übergab sie den Belagerern, die sich laut schimpfend entfernten.

Abermals dauerte es nicht lange bis zur nächsten Explosion. Sie hob meine Türe aus den Angeln und gab den Blick auf eine in Kampfformation angetretene Truppe frei, die ihre Sprengarbeit mit zwei Tonnen Purimdynamit fortsetzte.

„Gut Purim!" riefen sie, während die Erde noch bebte. „Konserven!"

Ich schleppte das ganze Küchengestell herbei und schüttete seinen Inhalt auf den Boden. Die Konserven waren im Hui verschwunden, ein Armeeoberst und ein Chinese bemächtigten sich des Gestells.

„Geld her!" kreischte plötzlich ein einäugiger Pirat, in dem ich trotz der schwarzen Maske den kurzgewachsenen sechsunddreißigjährigen Sohn meines Friseurs erkannte.

Noch während ich meine Brieftasche leerte, kam mir der rettende Einfall. Wenn dieses Purimfest mich nicht all meiner Habseligkeiten berauben sollte, mußte ich mich auf die andere Seite schlagen. Rasch warf ich ein geringeltes Hemd über, band mir ein kariertes Halstuch vors Gesicht, ergriff ein Messer und drang durch das Küchenfenster bei Rosenbergs ein.

„Chag Hapurim!" quietschte ich im höchsten mir zur Verfügung stehenden Ton. „Heraus mit dem Schmuck!" Um zehn Uhr abends hatte ich die ganze Nachbarschaft abgegrast. Die Beute war beträchtlich.

Allerdings brauchte ich dann den ganzen nächsten Tag, um alles wieder zurückzubringen, denn die meisten konnten sich nicht recht erinnern, was ihnen gehörte, und ich mußte ja aufpassen, daß jeder das Seine wiederbekam.

Nur meine Vase sah ich nie wieder, aber die hatte mir sowieso noch nie gut gefallen.

Schokolade auf Reisen

Alles ist eine Frage der Einteilung. Deshalb bewahren wir in einem nach Fächern eingeteilten Kasten unbrauchbare Geschenke zur künftigen Wiederverwendung auf. Wann immer so ein Geschenk kommt, und es kommt oft, wird es registriert, klassifiziert und eingeordnet. Babysachen kommen automatisch in ein Extrafach, Bücher von größerem Format als 20 x 25 cm werden in der „Geburtstags"-Abteilung abgelegt, Vasen und Platten unter „Hochzeit", besonders scheußliche Aschenbecher unter „Neue Wohnung", und so weiter.

Eines Tages ist Purim, das Fest der Geschenke, plötzlich wieder da, und plötzlich geschieht folgendes:

Es läutet an der Tür. Draußen steht Benzion Ziegler mit einer Pralinenschachtel unterm Arm. Benzion Ziegler tritt ein und schenkt uns die Schachtel zu Purim. Sie ist in Cellophanpapier verpackt. Auf dem Deckel sieht man eine betörend schöne Jungfrau, umringt von allerlei knallbunten Figuren. Wir sind tief gerührt, und Benzion Ziegler schmunzelt selbstgefällig.

So weit, so gut. Die Pralinenschachtel war uns hochwillkommen, denn Pralinenschachteln sind sehr verwendbare Geschenke. Sie eignen sich für vielerlei Anlässe, für den Unabhängigkeitstag so gut wie für Silberne Hochzeiten. Wir legten sie sofort in die Abteilung „Diverser Pofel".

Aber das Schicksal wollte es anders. Mit einem Mal befiel die ganze Familie ein unwiderstehliches Verlangen nach Schokolade, das nur durch Schokolade zu befriedigen war. Zitternd vor Gier rissen wir die Cellophanhülle von der Pralinenschachtel, öffneten sie – und prallten zurück. Die Schachtel enthielt ein paar bräunliche Kieselsteine mit leichtem Moosbelag.

„Ein Rekord", sagte meine Frau tonlos. „Die älteste Schokolade, die wir jemals gesehen haben."

Mit einem Wutschrei stürzten wir uns auf Benzion Ziegler und schüttelten ihn so lange, bis er uns bleich und bebend gestand, daß er die Pralinenschachtel voriges Jahr von einem guten Freund geschenkt bekommen hatte. Wir riefen den guten Freund an und zogen ihn derb zur Verantwortung. Der gute Freund begann zu stottern: Pralinenschachtel...Pralinenschachtel...ach ja. Ein Geschenk von Ingenieur Glück, zum Geburtstag...Wir forschten weiter. Ingenieur Glück hatte die Schachtel vor vier Jahren von seiner Schwägerin bekommen, als ihm Zwillinge geboren wurden. Die Schwägerin ihrerseits erinnerte sich noch ganz deutlich an den Namen des Spenders: Goldstein, 1953. Goldstein hatte sie von Glaser bekommen, Glaser von Steiner, und Steiner – man glaubt es nicht – von meiner guten Tante Ilka,

1950. Ich wußte sofort Bescheid: Tante Ilka hatte damals ihre neue Wohnung eingeweiht, und da das betreffende Fach unseres Geschenkkastens gerade leer war, mußten wir blutenden Herzens die Pralinenschachtel opfern.

Jetzt hielten wir die historische Schachtel wieder in Händen. Ein Gefühl der Ehrfurcht durchrieselte uns. Was hatte diese Schokolade nicht alles erlebt! Geburtstagsfeiern, Siegesfeiern, Grundsteinlegungen, neue Wohnungen, Zwillinge...wahrhaftig ein Stück Geschichte, diese Pralinenschachtel.

Hiermit geben wir allen bekannt, daß die Reise der Geschenkpralinenschachtel zu Ende ist. Irgend jemand wird eine neue kaufen müssen.

Ein Hund springt in die Küche

Von einem Tag zum anderen interessierte sich Franzi, unsere Hündin, plötzlich für ihre männlichen Kollegen. Sie sprang am Fenster hoch, wenn draußen einer vorbeiging, wedelte hingebungsvoll mit dem Schwanz und manchmal winselte sie sogar. Und siehe da: Draußen vor dem Fenster versammelten sich nach und nach sämtliche männlichen Hunde der Umgebung, wedelnd und winselnd. Und Zulu, der riesige Schäferhund, der am andern Ende der Straße lebt, sprang sogar eines Tages durch das offene Küchenfenster ins Haus. Wir mußten ihn mit Gewalt vertreiben. Verzweifelt wandten wir uns an Dragomir, den international bekannten Hundetrainer aus Jugoslawien. Er klärte uns auf:
„Warum Sie aufgeregt? Hündin ist läufig."
„Hündin ist was?" fragte ahnungslos die beste Ehefrau von allen.
„Wohin will sie laufen?"
„Ganz einfach", meinte Dragomir. „Zu Hund. Hündin braucht Mann."
Nun wußten wir also Bescheid.

Die Zahl von Franzis Verehrern vor unserem Haus wuchs ständig. Wenn wir auf die Straße wollten, konnten wir uns nur noch mit dem Besen einen Weg bahnen.

„Papi", sagte mein Sohn Amir, „warum läßt du sie nicht hinaus?"

„Franzi ist noch viel zu jung", antwortete ich ihm.

Währenddessen stand Franzi am Fenster, wedelte mit dem Schwanz und schaute sehnsüchtig zu der Hundeschar hinunter. Sie fraß nicht mehr, sie trank nicht mehr, sie schlief nicht mehr. Da beschlossen wir, Franzi zu retten. Wahrscheinlich lag es an ihrem wunderschönen, silbergrauen, langhaarigen Fell, daß die Hunde wie verrückt nach ihr waren. Wir mußten sie scheren lassen.

Am nächsten Tag kamen zwei Männer, kämpften sich durch die Hundehorden, die unseren Garten besetzt hielten, hindurch und nahmen Franzi mit sich. Franzi wehrte sich wie eine Mini-Löwin. Ihre Verehrer bellten und tobten und rannten noch kilometerweit hinter dem Wagen her, in dem Franzi saß.

Am Tag darauf brachte man uns Franzi wieder. Aber das war nicht mehr unsere Franzi. Sie hatte fast keine Haare mehr und sah aus wie eine nackte, rosafarbene Maus. Franzi selbst war höchst unzufrieden mit sich. Sie sprach kein Wort mit uns, sie wedelte nicht, sie starrte reglos zum Fenster hinaus.

Mit Franzi kamen auch die Hundescharen zurück. Das Gebelle und Gejaule war schlimmer als zuvor. Es waren jetzt nicht mehr nur die Hunde unseres Wohnviertels, alle Hunde kamen. Sogar zwei Eskimohunde waren darunter; sie mußten sich von ihrem

166

Schlitten losgerissen haben und waren direkt vom Nordpol herbeigeeilt.

Einer der wildesten Verehrer riß mit seiner mächtigen Tatze unsere Türklinke ab. Da riefen wir die Polizei an. Aber wir bekamen keine Verbindung.

Rafi, mein ältester Sohn, schlug vor, die Sträucher im Garten anzuzünden. Vielleicht würden die Hunde dann weglaufen. Aber um das zu tun, hätten wir das Haus verlassen müssen, und das trauten wir uns nicht.

Plötzlich stand Zulu mitten in der Küche. Er mußte den Weg über das Dach genommen haben. Während ich versuchte ihn mit Gewalt aus unserer Küche zu vertreiben, suchte meine Familie Deckung hinter den umgestürzten Möbeln. Endlich hatte ich es geschafft. Zulu verschwand.

Und mit einemmal hörte auch das Bellen auf. Alle Hunde waren verschwunden.

Vorsichtig steckte ich den Kopf zur Türe hinaus. Alles blieb ruhig. Allem Anschein nach war ein Wunder passiert.

Jetzt ist alles wieder beim alten. Aus Franzi, der rosafarbenen Maus, ist wieder eine Hündin mit weißem Fell geworden, die sich nur für Menschen interessiert. Für die Hunde der Nachbarschaft hat sie kein Auge mehr.

Woher allerdings die kleinen Schnauzer-Babies kommen, die Franzi gestern geworfen hat, wissen wir auch nicht.

Der störrische Esel

Eines Tages beschloß ich, meinen entfernten Verwandten Schlomoh zu besuchen. Schlomoh lebte damals in einem Kibbuz. Als ich dort ankam, fand ich ihn in der Küche. Er war gerade dabei den Abwasch zu machen. Hinter einem Berg schmutziger Teller verborgen begrüßte er mich:

„Es tut mir leid, ich bin noch mindestens sechs Stunden beschäftigt. Schau dir doch inzwischen den Hof an, wir haben ein neues Kalb bekommen."

Das interessierte mich. Denn, erstens mag ich kleine Kälber sehr gern und zweitens esse ich für mein Leben gern ein zartes Schnitzel.

Auf dem Weg zu den Stallungen traf ich einen von Schlomohs Freunden.

„Ist es dir nicht zu heiß zum Herumlaufen", fragte er mich.

„Warum nimmst du dir nicht einen Esel und reitest ein wenig?"

„Mein Lieber", antwortete ich ihm, „ich kann nicht reiten."

„Das macht nichts", sagte er darauf, „wir haben ein paar sehr

169

sanfte Esel. Schau, zum Beispiel der dort mit dem weißen Fleck auf der Stirn ..."

Und schon rief er Meister Langohr heran, der in nächster Nähe graste: „He, Tzuki, komm her! Tzuki! Rock-rock-rock ... !"

Ich fragte ihn, was rock-rock-rock bedeute.

„Das ist ein Lockruf, den die Esel gerne hören. Sie reagieren sofort. He, Tzuki, rock-rock-rock! Komm schon her! Na, so komm doch, Tzuki!"

Tzuki stand unbeweglich und starrte uns an. Nach einer Weile drehte er sich zur Seite und verspeiste einige Disteln.

„Ich muß jetzt weg", sagte Schlomohs Freund. „Du kannst ruhig auf ihm reiten. Es ist überhaupt nicht schwer."

Er gab mir noch schnell einige Tips, wie ich aufsteigen und den Esel behandeln sollte. Als Zurufe empfahl er mir „Hopp" für das Traben, „Woah" zur Beschleunigung, „Ho" zum Bremsen und „Brrr" zum Stehenbleiben. Dann brach er von einem Strauch einen Zweig als Reitgerte für mich ab und ging pfeifend davon.

Ich empfand seine Anweisungen als überflüssig. Irgendwie würde es mir schon gelingen, mit dem Tier klarzukommen.

Ruhig und gelassen trat ich also an Tzuki heran und griff nach dem Strick, den er am Hals trug.

„Rock", sagte ich, „rock-rock-rock."

Tzuki verhielt sich ruhig und spitzte eines seiner Ohren. Ich schwang mich mühelos auf seinen Rücken.

„Und jetzt", wandte ich mich an Tzuki, „wollen wir ein wenig traben, mein Junge."

Sofort senkte Tzuki den Kopf und begann Gras zu fressen.

„Hopp!" sagte ich nun etwas deutlicher, „heia-hopp!"

Tzuki bewegte sich nicht. Offenbar hatte er sich mit meiner Gegenwart noch nicht angefreundet. Ich klopfte nun leicht auf seine Flanke, um ihn daran zu erinnern, daß ich auf ihm saß und reiten wollte.

Tzuki stand da und wartete.

„Hopp-hopp", wiederholte ich.

Tzuki blieb stur stehen, doch ich war davon überzeugt, daß er früher oder später durch mein gutes Zureden gehen würde. Ich schnalzte ihm ein paarmal mit der Reitgerte um die Ohren und rief nochmal:

„Rock! Hopp, Tzuki! Hopp!"

Nichts geschah. Auch daß ich ihm mit dem Schuhabsatz mehrmals in den Bauch stieß, brachte nichts. Ich versuchte es mit ein paar weiteren Fußtritten. Dann legte ich eine kleine Ruhepause ein. Ich war ja schließlich in das Kibbuz gekommen, um mich auszuruhen.

Unterdessen hatte sich Tzuki über die in seiner Nähe befindlichen Gräser und Pflanzen hergemacht.

Ich bog meine Reitgerte zurecht und bohrte sie ihm in die Seite: „Woah", brüllte ich. „Rock-rock! Rühr dich schon endlich, du Vieh!" Dann stieg ich ab. Genaugenommen stieg ich nicht freiwillig ab, sondern wurde abgeworfen. Tzuki hatte sein Hinterteil in einem Winkel von 45 Grad ruckartig hochgehoben. Als ich wieder fest auf meinen Beinen stand, ergriff ich den Strick und schwang

172

mich abermals auf Tzukis Rücken. Diesmal ging ich energischer vor, mein Atem keuchte. Ich betrachtete die Sache jetzt nicht länger als einen Vergnügungsritt. Es ging nun darum, wer von uns beiden der Stärkere war.

„Tzuki hopp, Tzuki he, Tzuki, woah!" Meine Stimme erreichte eine Lautstärke, die ich mir niemals zugetraut hätte. Nicht einmal das Klatschen der Reitgerte konnte sie übertönen.

Verzweifelt rief ich weiter. Doch alle Ermunterungsrufe gingen an Tzukis idiotisch langen Ohren vorüber.

„Tzuki", flüsterte ich nun, „Tzuki, ich bitte dich..."

Seit Jahren war ich nicht so erschöpft und müde gewesen. Ich schaffte es nicht einmal mehr abzusteigen. Die Abenddämmerung setzte ein. Ich haßte Schlomoh aus ganzer Seele. Ein Traktor rumpelte zur Nachtarbeit aufs Feld.

„Hallo!" rief der Fahrer. „Was machst du auf dem Esel?"

„Ich bin unterwegs zum Stall. Warum?"

„Warte, ich komme schon."

Der Fahrer sprang ab, befestigte Tzukis Strick an seinem Traktor und gab Gas. Unter ohrenbetäubendem Getöse setzte sich der Traktor in Bewegung. Der Strick straffte sich.

Doch Tzuki graste ungerührt weiter. Der Fahrer drückte das Gaspedal so tief durch, wie er nur konnte. Da riß der Strick entzwei.

Daraufhin begann der Fahrer in einer mir unverständlichen Sprache zu fluchen. Er verschwand kurze Zeit und kam mit einer Eisenkette zurück. Es war klar, daß nun auch er in der Sturheit Tzukis die Herausforderung seines Lebens erblickte.

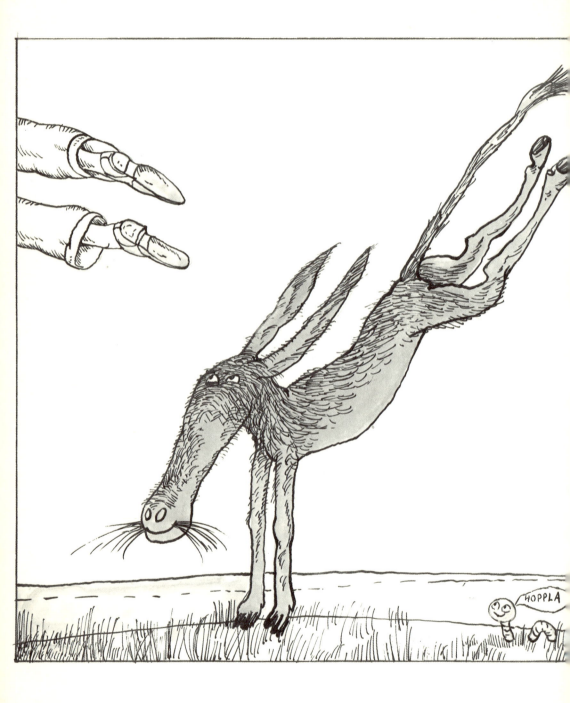

Der Traktor heulte wiederum auf, die Erde erbebte, die Räder knirschten, die Eisenkette ächzte und . . . Tzuki setzte sich in Bewegung! Mit mir auf dem Rücken.

„Hopp, Tzuki!" rief ich, „rock-rock!"

Da waren wir schon beim Stall angelangt.

Wieder einmal hatte die Technik die wilde Natur gezähmt. Aber ich glaube, ich werde trotzdem in Zukunft nicht mehr versuchen, auf einem Esel zu reiten. Was soll ich machen, wenn einmal kein Traktor kommt?

Das Riesenbild

Der Tag begann wie jeder andere Tag. Aber zu Mittag hielt plötzlich ein Lastwagen vor unserem Haus. Ihm entstieg Morris, ein angeheirateter Onkel meiner Frau.

„Ihr seid umgezogen, hörte ich", sagte Onkel Morris." Ich habe euch ein Ölbild für die neue Wohnung mitgebracht."

Und schon brachten zwei stämmige Träger das Geschenk angeschleppt.

Wir waren tief bewegt.

Das Gemälde bedeckte eine Fläche von vier Quadratmetern, hatte einen geschnitzten Goldrahmen und stellte die Geschichte des jüdischen Volkes dar. Rechts vorne erhob sich eine kleine Hütte. Sie war von viel Wasser und viel blauem Himmel umgeben. Oben prangte die Sonne in natürlicher Größe, unten weideten Kühe und Ziegen. Auf einem schmalen Fußpfad ging ein jüdischer Priester, ihm folgte eine Anzahl von seinen Schülern, ein Knabe kurz vor Erreichung des dreizehnten Lebensjahres, der sich für seine Bar-Mizwah vorbereitete. Im Hintergrund sah man eine Windmühle, eine Gruppe von Geigern, den Mond, eine Hochzeit und einige Mütter, die im Fluß ihre Wäsche wuschen. Auf der linken Seite öffnete sich die hohe See, komplett mit Segelbooten und Fischernetzen. Aus der Ferne grüßten Vögel und die Küste Amerikas.

Noch nie in unserem ganzen Leben hatten wir eine solche Scheußlichkeit gesehen, noch dazu in quadratischem Format.

„Wahrhaft atembeklemmend, Onkel Morris", sagten wir. „Aber das ist ein viel zu vornehmes Geschenk für uns."

„Macht keine Geschichten", sagte Onkel Morris. „Ich bin ein alter Mann und kann meine Sammlung nicht mit ins Grab nehmen." Als Onkel Morris gegangen war, saßen wir lange vor dem Schreckensbild und schwiegen. Es war, als fülle sich unsere bescheidene Wohnung bis zum Rand mit Ziegen, Wolken, Wasser und Priesterschülern. Wir forschten nach der Signatur des Malers, aber er hatte nicht unterzeichnet. Ich schlug vor, die quadratische Ungeheuerlichkeit zu verbrennen. Meine Gattin schüttelte traurig den Kopf. Onkel Morris würde uns eine solche Kränkung niemals verzeihen, meinte sie. Wir beschlossen, daß wenigstens niemand anderer das Grauen zu Gesicht bekommen sollte, schleppten das Bild auf den Balkon, drehten es mit der bemalten Seite zur Wand und ließen es stehen.

Dann vergaßen wir das Schreckensgemälde, das von hinten nicht einmal so schlecht aussah. Nach einiger Zeit begann eine Schlingpflanze es zu überwuchern.

Manchmal des Nachts konnte es freilich passieren, daß meine

177

Frau jäh aus ihrem Schlummer hochfuhr, kalten Schweiß auf der Stirn:

„Und wenn Onkel Morris zu Besuch kommt?"

„Er kommt nicht", murmelte ich verschlafen. „Warum sollte er kommen?"

Er kam doch.

Bis ans Ende meiner Tage wird mir dieser Besuch im Gedächtnis bleiben. Wir saßen gerade beim Essen, als die Türglocke läutete. Ich öffnete. Onkel Morris stand draußen. Das Ölgemälde schlummerte auf dem Balkon, mit dem Gesicht zur Wand.

„Wie geht es euch?" fragte der Onkel meiner Frau.

Im ersten Schreck wollte ich mich durch die offene Tür davonschleichen und draußen im dichten Nebel verschwinden. Aber da erschien meine Frau. Bleich, aber gefaßt stand sie im Türrahmen und sagte:

„Bitte noch ein paar Sekunden, bis ich Ordnung gemacht habe! Ephraim, unterhalte dich so lange mit Onkel Morris."

Ich versperrte Onkel Morris unauffällig den Weg ins Nebenzimmer und verwickelte ihn in ein anregendes Gespräch. Von nebenan klangen verdächtige Geräusche, schwere Schritte und ein sonderbares Pumpern, als schleppe jemand eine Leiter hinter sich her. Dann ließ ein fürchterlicher Krach die Wände erzittern, und die Stimme der besten Ehefrau von allen erklang:

„Ihr könnt hereinkommen."

Wir betraten das Nebenzimmer. Meine Frau lag erschöpft auf der Couch und atmete schwer. An der Wand hing, noch leise schaukelnd, Onkelchens Geschenk und verdunkelte das halbe Fenster. Es sah merkwürdig aus, denn es bedeckte noch zwei kleinere Gemälde und die Kuckucksuhr. Zum Glück waren an dieser Stelle Berge, die sich nun deutlich hervorwölbten.

Onkel Morris war freudig überrascht. Nur den Platz, an dem wir es aufgehängt hatten, fand er ein wenig dunkel. Wir baten ihn, nächstens nicht unangemeldet zu kommen, damit wir uns auf seinen Besuch vorbereiten könnten.

„Papperlapapp", brummte Onkel Morris leutselig. „Für einen alten Mann wie mich braucht man keine Vorbereitungen. Ein Glas Tee, ein paar belegte Brote, etwas Gebäck – das ist alles . . ."

Seit diesem Zwischenfall lebten wir in ständiger Bereitschaft. Von Zeit zu Zeit hielten wir überraschende Alarmübungen ab: Wir stellten uns schlafend – meine Frau rief plötzlich: „Morris!" Ich sprang mit einem Satz auf den Balkon – unterdessen fegte meine Frau alles von den Wänden des Zimmers herunter – eine Notleiter lag griffbereit unterm Bett – und im Handumdrehen war alles hergerichtet.

Nach einer Woche intensiven Übens bewältigten wir die ganze Arbeit vom Ausruf „Morris" über das aufgehängte Bild bis zur Verwischung sämtlicher Spuren in knapp zweieinhalb Minuten.

An einem Samstag kündigte uns Onkel Morris nun seinen Besuch an. Da er erst am Nachmittag kommen wollte, hatten wir genügend Zeit zur Vorbereitung. Wir beschlossen, das Beste aus der Sache herauszuholen. Ich stellte rechts und links in schrägem Winkel zum Gemälde zwei Scheinwerfer auf, die ich mit rotem, grünem und gelbem Cellophanpapier verkleidete. Meine Frau besteckte den Goldrahmen mit erlesenen Blumen und Blüten. Und als wir dann noch das Scheinwerferlicht einschalteten, konnten wir feststellen, daß kein Grauen diesem hier gleichkäme.

Pünktlich um fünf Uhr ging die Türglocke. Während meine Frau sich anschickte, Onkel Morris liebevoll zu empfangen, richtete ich den einen Scheinwerfer auf die weidenden Ziegen und den anderen auf die waschenden Mütter. Dann öffnete sich die Tür. Dr. Perlmutter, einer der wichtigsten Männer im Ministerium für Kultur, trat mit seiner Frau ein.

Dr. Perlmutter gehört zur geistigen Elite unseres Landes. Sein Geschmack ist geradezu sprichwörtlich. Seine Frau leitet eine bekannte Bildergalerie.

Und diese beiden kamen jetzt herein.

Einige Sekunden blieb alles still. Dann sah es aus, als würde Dr. Perlmutter in Ohnmacht fallen. Ich sagte fast tonlos:

„Was für eine freudige Überraschung, bitte nehmen Sie Platz."

Dr. Perlmutter, immer noch leise schwankend, hatte seine Brille abgenommen und rieb an den Gläsern. Ich dachte mir: Die verdammten Blumen. Wenn wenigstens diese verdammten Blumen nicht auf dem gotisch-barocken Goldrahmen wären.

„Eine sehr hübsche Wohnung haben Sie", murmelte Frau Dr. Perlmutter. „Und so hübsche ... hm ... Gemälde ..."

Ich fühlte deutlich, wie die Schüler hinter meinem Rücken Tänze aufführten. Im übrigen vergingen die nächsten Minuten in angespannter Reglosigkeit. Die Augen unserer Gäste waren starr auf das Bild gerichtet. Schließlich gelang es meiner tapferen Frau, den einen der beiden Scheinwerfer auszuschalten.

Dr. Perlmutter klagte über Kopfschmerzen und verlangte ein Glas Wasser. Als meine tapfere Frau mit dem Glas Wasser aus der Küche zurückkam, schmuggelte sie mir einen kleinen Zettel mit einer Nachricht zu. Der Text lautete: „Ephraim, mach was!"

„Entschuldigen Sie, daß wir so plötzlich bei Ihnen eindringen", sagte Frau Dr. Perlmutter mit belegter Stimme. „Aber mein Mann wollte mit Ihnen über eine Vortragsreise sprechen."

„Ja?" jauchzte ich. „Wann?"

„Keine Eile", sagte Dr. Perlmutter und erhob sich. „Die Angelegenheit ist nicht mehr so dringend."

Es war klar, daß ich jetzt mit einer Erklärung herausrücken mußte, sonst würden uns die Perlmutters und ihre Freunde auf ewig verstoßen. Meine kleine tapfere Frau kam mir zu Hilfe:

„Sie wundern sich wahrscheinlich, wie dieses Bild hergekommen ist?" flüsterte sie.

Beide Perlmutters, schon an der Türe, drehten sich um: „Ja?" In diesem Augenblick kam Onkel Morris. Wir stellten ihn unseren Gästen vor und bemerkten mit großer Freude, daß sie an ihm Gefallen fanden.

„Sie wollten uns etwas über dieses ... hm ... über dieses Ding erzählen", mahnte Frau Dr. Perlmutter meine Frau. „Ephraim", sagte diese. „Ephraim. Bitte."

Ich ließ meinen Blick in die Runde wandern: vom verzweifelten Gesicht meiner Frau und den versteinerten Gesichtern der Perl-

181

mutters über die Kinder im Schatten der Windmühle bis zu dem stolzgeschwellt strahlenden Onkel Morris.

„Es ist ein schönes Bild", brachte ich krächzend hervor. „Es hat Atmosphäre . . . einen meisterhaften Pinselstrich . . . viel Sonne . . . Wir haben es von unserem Onkel hier geschenkt bekommen."

„Sie sind Sammler?" fragte Frau Dr. Perlmutter. „Sie sammeln –"

„Nein, solche Sachen nicht", unterbrach Onkel Morris sie und lächelte abwehrend. „Aber die Jugend von heute – seid nicht bös, wenn ich offen bin, Kinder –, die Jugend von heute bevorzugt solche monströsen Dinger."

„Nicht unbedingt", sagte ich mit einer Stimme, deren plötzliche Härte und Entschlossenheit mich selbst überraschte. Aber jetzt gab es kein Halten mehr. Schon hatte ich die Schere in meinen Händen. „Wir haben auch für Bilder kleineren Formats etwas übrig", meinte ich noch. Dann setzte ich die Schere am linken Flußufer an. Dieses, drei Kühe und ein Stückchen Himmel waren das erste Opfer. Als nächstes schnitt ich den Kahn und zwei Geiger aus. Dann die Windmühle. Dann ging es durcheinander. Mit heiserem Gurgeln stürzte ich mich auf das Fischernetz und stülpte es über den Priester. Die waschenden Mütter mischten sich unter die Kinder. An der Küste Amerikas herrschte Mondfinsternis.

Als ich von meiner Arbeit aufsah, waren wir allein in der Wohnung. Gut so. Und eine Viertelstunde später besaßen wir zweiunddreißig Bilder in handlichem Format. Wir werden bald eine Galerie im Zentrum der Stadt eröffnen.

Auf dem Trockenen

An jenem denkwürdigen Montag wachten wir früh auf, schauten aus dem Fenster und riefen wie aus einem Mund:
„Endlich!"
Der Himmel erstrahlte in klarem, wolkenlosem Blau.
Schnell sprangen die beste Ehefrau von allen und ihre Mutter aus den Betten. Sie stürzten zum Wäschekorb, in dem sich die Schmutzwäsche vieler Monate angesammelt hatte, vieler verregneter Monate. Die ganze Zeit mußten wir die Wäsche ungewaschen liegen lassen, da wir sie nicht zum Trocknen aufhängen konnten. Damit war es nun endlich vorbei. Meine Frau und die Schwiegermutter machten sich fröhlich singend an die Arbeit. Und schon nach wenigen Stunden konnten wir eine riesige Menge frisch gewaschener Wäsche in den Garten bringen, wo wir sie an Leinen, Stricken, Drähten und Kabeln zum Trocknen aufhängten. Als wir gerade damit fertig waren, begann es zu regnen.
Wie war das nur möglich? Noch vor wenigen Minuten ließ sich nicht die kleinste Wolke blicken – und jetzt regnete es. Es regnete

nicht nur, es goß, es schüttete, und alle dunklen Wolken des Himmels sammelten sich genau über unserem Haus. Hastig rafften wir die Wäsche wieder zusammen, rannten mit den einzelnen Bündeln in die Wohnung und legten sie in die Badewanne. Dort mußten wir bald eine Leiter zu Hilfe nehmen, denn der Wäscheberg reichte bis zur Decke. Als wir damit fertig waren, griffen wir erschöpft nach der Zeitung.

Die Wettervorhersage lautete: „In den Morgenstunden zeitweilig Bewölkung, die sich gegen Mittag aufklärt."

Damit stand für uns fest, daß Sturm und Regen mindestens drei Tage lang anhalten würden.

Wir hatten uns nicht getäuscht. Draußen fiel eintönig der Regen weiter, drinnen begann die Wäsche in der Badewanne zu gären. Am Abend roch es im ganzen Haus modrig. Da und dort tauchten an den Wänden die ersten grünlichen Schimmelpilze auf.

„So geht es nicht weiter", erklärte die beste Ehefrau von allen. „Die Wäsche muß getrocknet werden, bevor sie völlig kaputt geht." Wir zogen eine Drahtschnur durch das Wohnzimmer. Sie reichte vom Griff des rechten Fensters die Wand entlang zur Schlafzimmertür, schwang sich von dort zum Kronleuchter, glitt abwärts und über einige Gemälde zum venezianischen Wandspiegel, umging die Sitzgarnitur, wandte sich scharf nach links und endete am gegenüberliegenden Fenster. An einigen Stellen hingen die dicht nebeneinander aufgereihten Wäschestücke so tief herab, daß wir uns nur noch kriechend fortbewegen konnten. Dabei mußten wir sorgfältig darauf achten, die aufgestellten Hitzespender nicht umzustoßen (Karbidlampen, Spirituskocher auf mittlerer Flamme und so weiter). Diese sollten das Trocknen beschleunigen. Ungefähr um vier Uhr nachmittags wurde das Haus von einem dumpfen Knall erschüttert. Im Wohnzimmer bot sich uns ein chaotisches Bild: Die Drahtschnur war gerissen, und die ganze Wäsche lag auf dem Boden. Zum Glück war sie noch naß genug, um die Lampen und Kocher zu löschen.

Die beste Ehefrau von allen sagte nur: „Das werden wir gleich haben."

Wir hatten es zwar nicht gleich, aber immerhin nach zwei Stunden. Mit vereinten Kräften verteilten wir die Wäschestücke über sämtliche Tische, Stühle, Fensterbretter und Lampen. Erst als auf dem Fußboden wieder Platz war, brachen wir zusammen. Kaum lagen wir, läutete es an der Haustür.

Schwiegermama trippelte zum Fenster und lugte vorsichtig hinaus.

„Doktor Zelmanowitsch ist draußen", flüsterte sie. „Der Vorsitzende des Obersten Gerichtshofs. Mit Frau."

Wir erstarrten vor Schreck und Verlegenheit. Was sollten wir nur tun? Doktor Zelmanowitsch besucht uns durchschnittlich einmal in fünf Jahren. Er hat Anspruch darauf, gebührend empfangen zu werden. Aber wo nur?

Abermals faßte sich die beste Ehefrau von allen als erste: „Rasch hinaus mit dem Zeug! Mama wird mir helfen. Du hältst den Besuch so lange im Vorraum fest."

Ich ging zur Tür, öffnete und begrüßte den Obersten Richter und

186

seine Frau herzlich und ausdauernd. Dann zeigte ich ihm einige Stilmöbel in unserem Vorzimmer. Ich redete möglichst laut, um die Geräusche des Wäschetransports vom Wohnzimmer ins Nebenzimmer zu übertönen.

Nach einer Weile äußerte Frau Zelmanowitsch den Wunsch, sich hinzusetzen.

Zum Glück hörte ich kurz darauf das vereinbarte Hustensignal meiner Frau, so daß ich die Gäste ins Wohnzimmer führen konnte. Wir nahmen in dem halbwegs aufgeräumten Raum Platz. Während meine Schwiegermutter sich erkundigte, ob Tee, Kaffee oder Kakao gewünscht werde, flüsterte mir meine Frau zu: Sie hätte die Wäsche im Nebenzimmer verstaut, natürlich ohne sie auszuwinden.

Wir unterhielten uns eine Weile, aber es wollte keine rechte Stimmung aufkommen. Bald herrschte Stille, die plötzlich von einem sonderbaren Geräusch unterbrochen wurde. Wie sich herausstellte, war es Frau Zelmanowitsch, die mit den Zähnen klapperte.

„Es ist ein w-w-wenig kühl in diesem Zimmer", brachte sie mühsam hervor und stand auf. Auf den unteren Partien ihres Kleides war ein großer dunkler Fleck zu sehen.

Auch die übrigen Insassen des Zimmers zitterten vor Kälte. Ich selbst machte keine Ausnahme.

„Der Feuchtigkeitsgehalt Ihres Hauses scheint sehr groß zu sein", bemerkte Doktor Zelmanowitsch und nieste mehrmals.

Während ich noch versuchte, ihm zu widersprechen, geschah etwas Fürchterliches:

188

Aus dem Nebenzimmer rieselte Wasser unter der Tür durch. Zuerst nur fadendünn, dann immer breiter, bis es sich als kleines Bächlein über den Teppich ergoß.

Doktor Zelmanowitsch stand auf, um sich zu verabschieden. Seine Frau hatte sich ja schon früher erhoben.

„Bleiben Sie doch noch ein Weilchen", stotterte die beste Ehefrau von allen und watete zur Tür, um unsere Gäste aufzuhalten. Aber sie ließen sich nicht. Sie gingen. Sie gingen ohne Gruß. Und sie werden in den nächsten Jahren wohl kaum wiederkommen.

Wir Zurückgebliebenen versuchten, das Wasser aufzuhalten. Das gelang uns. Aber wie sollten wir es beseitigen?

Da kam mir ein rettender Gedanke. Ich holte die Wäschestücke aus dem Nebenzimmer, tränkte sie mit dem Wasser und trug die vollgesogenen Stücke in den Garten. Dort hängte ich sie auf, obwohl es ständig weiterregnete. Früher oder später muß die Sonne ja wieder scheinen. Dann wird die Wäsche trocknen. Und dann nehmen wir sie herunter und verbrennen sie.

„Sag Schalom!"

Die Sache begann damit, daß mein Töchterchen Renana, unsere Jüngste, besonders eilfertig den Stuhl für mich zurechtrückte, kaum daß ich an den Tisch getreten war. Als nächstes erkundigte sich mein Sohn Amir, ob ich vielleicht möchte, daß er meinen Wagen wäscht. Und schließlich überraschte mich die beste Ehefrau von allen mit der Mitteilung, daß ich in letzter Zeit ein paar wirklich hervorragende Geschichten geschrieben hätte.
„Nützt alles nichts", sagte ich. „Ihr bekommt keinen Papagei."
Des Übels Wurzel war, daß unser Nachbar Felix Seelig eines Tages einen Papagei nach Hause gebracht hatte, über den meine Familie in helle Begeisterung geriet. Angeblich konnte er mehrere Sprachen sprechen, konnte lachen – ein glucksendes Lachen, so ähnlich wie Graf Dracula, es ist zu komisch, Pappi – und konnte sogar „rrrr" machen wie eine richtige Weckeruhr...
„Das mit der Weckeruhr stimmt", nickte Felix Seelig, als er mir vor ein paar Tagen begegnete, schwarze Ringe unter den Augen von den vielen schlaflosen Nächten. „Wollen Sie ihn kaufen?"

Ich wollte nicht, denn gestern, nach einem gemeinsamen Angriff aller meiner Lieben, hatte ich Zlobniks Tierhandlung aufgesucht und ein Prachtexemplar mit graugrünem Federkleid erworben. „Unter einer Bedingung", warnte ich den alten Zlobnik. „Das Vieh kann reden, soviel es will – aber wehe, wenn es läutet. Ich wünsche in meinem Haus keine Alarmvorrichtungen."

Zlobnik gab mir sein Ehrenwort, daß unser Papagei sich wie ein menschliches Wesen benehmen und lediglich reden würde. „Diese grauen Afrikaner sind die gescheitesten von allen", behauptete er. „Da hat mir neulich ein Polizist, mit dem ich befreundet bin, eine Geschichte erzählt, hören Sie zu. Plötzlich geht bei ihm auf der Wachstube das Telefon, er hebt ab, und der Anrufer meldet, daß soeben eine große Katze in sein Zimmer gekommen ist. Sagt mein Freund: ‚Na wenn schon. Das ist doch kein Grund, die Polizei anzurufen.'

Sagt die Stimme: ‚Für mich schon. Hier spricht der Papagei.'

Gut, was?"

Nachdem Zlobnik zu Ende gelacht hatte, gab er mir noch einige Ratschläge für die Behandlung des Papageis. Der Papagei, so schärfte er mir ein, sei ungern allein, liebe den Kontakt mit Menschen und lasse sich gern verwöhnen. Ich sollte ihm zuerst beibringen, sich auf meine Finger zu setzen, und erst dann mit dem Sprechunterricht beginnen. Jeder Erfolg sei mit einer Erdnuß zu belohnen, empfahl Zlobnik. „Aber geben Sie acht, daß er Ihnen mit dem Schnabel nicht zu nahe kommt, der kleine Fresser!" schloß er wohlgelaunt.

„Ich übernehme seine Erziehung", erbot sich mein Sohn Amir. „In spätestens einer Woche begrüßt er jeden Besucher mit einem lauten Schalom, verlaßt euch auf mich."

Gleich am nächsten Tag setzte sich Amir vor den Käfig, steckte den Finger hinein, schrie auf, weil der Papagei nach ihm gehackt hatte, zog den Finger wieder heraus und begann die erste Lektion: „Sag Schalom! Sag Schalom! Sag Schalom! Sag Schalom! Sag Schalom!..."

Wegen Platzmangel kann ich nicht den vollständigen Text des Unterrichts wiedergeben. Jedenfalls war es Amir, der nachher die Erdnüsse aß. Der Papagei hatte ihn aus glasigen Augen angestarrt, stumm wie der Goldfisch in Zlobniks Tierhandlung, und dabei blieb er. Unsere Besucher hörten von ihm weder ein Schalom noch sonst etwas. „Er ist heute nicht in der richtigen Laune", murmelten wir verlegen.

Drei Wochen lang hielt Amir durch. Wir unterstützten ihn mit Erdnüssen und Bananen, wir versuchten abwechselnd durch freundlichen Zuspruch und bittere Vorwürfe auf den Vogel einzuwirken, wir baten und schimpften, wir kitzelten ihn und kratzten ihn – ohne Erfolg. Allmählich begannen wir uns damit abzufinden, daß uns der alte Gauner Zlobnik einen taubstummen Papagei verkauft hatte.

Und dann, an jenem unvergeßlichen Morgen, als mich ein wichtiger Anruf aus dem Ausland erreichte, erklang es plötzlich laut und klar hinter mir:

„Sag! Sag! Sagsagsag!..."

193

Ich konnte kein Wort verstehen. Immer, wenn ich fragte: „Wer…", kam vom Papagei: „Sag! Sag! Sagsagsag!…"

Immerhin stand jetzt fest, daß er belehrbar war, daß er sich abrichten ließ, daß er reden konnte.

Amir schwor, dem verdammten Vogel das Schalom-Sagen beizubringen, oder er würde ihm alle graugrünen Federn ausreißen. Er baute in den Käfig ein Tonband ein, das dem widerspenstigen Insassen ununterbrochen das selbe Wort vorsagte: „Schalom… Schalom… Schalom…"

Das Band lief so lange, bis die Batterie leer war. Nichts geschah.

Aber ein paar Tage später, gerade als im Fernsehen die Abendnachrichten begonnen hatten, erklang es aus dem Käfig: „Wer! Wer-wer! Werwerwer!"

Was „wer"? Wieso „wer"? Wer „wer"? Erst nach längerem Nachdenken kam ich dahinter, daß es sich nur um meinen Anrufer handeln konnte. Wieder ein kleiner Fortschritt. Wir beschlossen, unseren Papagei fortan Werwer zu nennen. „Man muß", erklärte ich meiner Familie, „dem Tier ein wenig entgegenkommen, ob es Schalom sagt oder nicht."

Am folgenden Wochenende erweiterte Werwer sein Vokabular in eine gänzlich andere Richtung:

„Wuff!" bellte er „grrr-wauwau."

Unser Hund Franzi bellte zurück, und seither plaudern die beiden oft stundenlang miteinander, es sei denn, daß wir Besuch haben. Dann verstummt Werwer sofort.

Andererseits hat er tanzen gelernt. Wenn man ihm „Halleluja"

194

vorsingt und sich dabei in den Hüften wiegt, schaukelt er mit, allerdings ohne zu singen. Er pfeift. Das macht er den Fußballschiedsrichtern nach, die im Fernsehen auftreten. Am liebsten übt er in den späten Nachtstunden, zwischen Sagsagsag und Werwerwer.

Ich ging zu Zlobnik und erhob Klage:

„Unser Papagei bellt bei Tag und pfeift bei Nacht. Was ist mit Ihrem Ehrenwort? Ich kann nicht schlafen."

„Natürlich nicht", erwiderte der erfahrene Tierhändler. „Sie müssen den Käfig bei Nacht zudecken."

Und er verkaufte mir eine dicke Plastikhülle, garantiert pfiffdicht. Ich ging nach Hause, stülpte bei Einbruch der Dunkelheit die Hülle über den Käfig, ging zu Bett und schlief wie ein Mehlsack bis 3 Uhr früh, als die beste Ehefrau von allen aufstand und die Hülle wieder entfernte.

„Soll das arme Tier im Gefängnis leben?" fragte sie. Ihr machte das alle Ehre.

Dem Papagei machte es Freude.

Meinen Schlaf machte es zunichte.

Als Renana sich eine Erkältung zuzog, begann Werwer prompt zu husten. Renana erfreut sich als einziges Mitglied unserer Familie der Zuneigung Werwers. Das zeigt sich immer wieder und hatte eines Tages böse Folgen.

Wenn das kluge Kind Renana allein zu Hause ist, öffnet sie niemals die Türe, ohne vorher mit ihrer lieben kleinen Kinderstimme zu fragen: „Wer ist da?" Einmal aber war Werwer allein

195

zu Hause. An diesem Nachmittag geschah es. Der Mann von der Wäscherei brachte unsere Wäsche und läutete an der Türe. Von drinnen kam eine liebe kleine Kinderstimme:

„Wersda?"

„Die Wäsche", antwortete der Wäschemann.

„Wersda?" erklang es noch einmal.

„Der Mann mit der Wäsche."

„Wersda?"

„Die Wäsche!"

„Wersda?"

„Die Wä-ä-sch-e!"

Wie lange das Drama dauerte, weiß niemand. Als wir gegen Abend nach Hause kamen, fanden wir den Garten voll mit Hemden, Unterhosen und Taschentüchern, überallhin verstreut. Der Mann von der Wäscherei, so hörten wir, war mit einem Schreikrampf und wild um sich schlagend von einem Krankenwagen weggebracht worden...

Vorsichtig betraten wir die Wohnung. Ein heiserer Zuruf begrüßte uns:

„Wäsche! Wäsche! Wäschewäschewäsche!..."

Zusammen mit Sagsag, Werwer, Wuffwuff, Wersda und verschiedenen Formen des Hustens ergab das einen recht ansehnlichen Wortschatz.

Nur Schalom hat er nie gelernt.

Zahnschmerzen

In allen Städten der Welt ist es sehr schwierig, einen Parkplatz zu finden. In New York ist dies jedoch fast unmöglich. Ich bekam das am eigenen Leib zu spüren, als ich dort letzthin meine Tante Trude besuchte.

Eines Morgens erwachte ich mit Zahnschmerzen. Es waren ganz gewöhnliche, sehr schmerzhafte Zahnschmerzen in meinem linken Unterkiefer.

Ich fragte Tante Trude, ob es in der Nähe einen guten Zahnarzt gebe. Tante Trude kannte drei, alle in nächster Nähe, was in New York ungefähr soviel bedeutet wie eine Entfernung von circa 25 Kilometern.

Auf meine Frage, welcher von den drei Zahnärzten der beste sei, dachte Tante Trude lange nach. Dann meinte sie:

„Das kommt darauf an. Der erste hat seine Praxis in einer Hauptgeschäftsstraße. Dort wimmelt es von Zeitungsreportern, die jeden sofort ansprechen. Ich weiß nicht, ob du das mit deinen Zahnschmerzen riskieren willst. Der zweite hat zwar eine direkte

Busverbindung vor seinem Haus zum nächsten Parkplatz, aber er ist kein sehr angenehmer Arzt. Ich würde dir zu Dr. Blumenfeld raten. Er wohnt in einem Viertel mit Einfamilienhäusern und hebt in seinen Zeitungsanzeigen immer hervor, daß es nicht allzu schwierig sei, in der Nähe einen Parkplatz zu finden."

Das war für mich entscheidend. Meine Backe war mittlerweile so stark angeschwollen, daß ich schnellstens etwas unternehmen mußte.

Ich borgte mir Onkel Harrys Wagen aus und fuhr los.

Bald hatte ich Dr. Blumenfelds Haus gefunden. Aber ein Parkplatz war nirgends zu sehen. An beiden Straßenseiten standen die geparkten Autos so dicht hintereinander, daß man nicht einmal mehr dazwischen durchgehen konnte. Eine Zeitlang fuhr ich suchend durch die Gegend.

Dann geschah ein Wunder. Das heißt, ich glaubte meinen Augen nicht zu trauen. Ein Mann machte sich an der Tür eines Autos zu schaffen.

Schnell hielt ich neben ihm an und fragte ihn:

„Fahren Sie vielleicht weg?"

„Wie bitte? Ob ich wegfahre? Sie sind wohl verrückt! Ich habe auf diesen Parkplatz drei Jahre lang gewartet und ihn erst im letzten Herbst erobert. Damals hat ein Wirbelsturm alle geparkten Autos weggefegt!"

Jetzt fiel mir auf, daß sein Wagen, genau wie alle anderen, mit einer dicken Staubschicht bedeckt war. Es gab also keine Hoffnung für mich.

Ob er denn wüßte, wo ich für kurze Zeit einen Parkplatz finden könnte, fragte ich ihn noch.

Er dachte nach und kratzte sich am Hinterkopf. Dann sagte er zögernd:

„Einen Parkplatz? Einen freien Parkplatz? Ich habe keine Ahnung. Im Umkreis von dreißig Kilometern finden Sie hier sicher keinen. Am besten, Sie machen es so wie ich."

Mit diesen Worten öffnete er seinen Kofferraum und zog einen kleinen Motorroller heraus. Dann brauste er los, ohne sein Auto abzuschließen.

„He", rief ich ihm nach, „Sie haben Ihren Wagen nicht abgesperrt!"

„Wozu", antwortete er mir, „den stiehlt sowieso niemand. Wo sollte er ihn denn parken?"

Meine Zahnschmerzen wurden immer schlimmer, aber es war anscheinend sinnlos weiterzusuchen. Wohin ich auch schaute, entweder standen Autos dicht hintereinander geparkt, oder es war irgendein Verbotsschild zu sehen.

Nachdem ich eine weitere Stunde herumgeirrt war, schien ich endlich Glück zu haben. Vor einem großen Gebäude mit einem ganz leeren Parkplatz stand ein Schild: „Kostenloses Parken für unsere Kunden." Schnell stellte ich meinen Wagen ab und betrat das Haus. Hier packte mich ein Mann von hinten an den Schultern, drückte mich auf einen Stuhl nieder. Offenbar war ich im Büro einer Versicherung gelandet.

„Guten Morgen, mein Herr", begrüßte mich der Mann. „Wie lange wollen Sie denn parken?"

200

„Ungefähr eineinhalb Stunden", antwortete ich mühsam. Der Zahn schmerzte immer mehr und erschwerte mir das Sprechen. Der Versicherungsagent blätterte in seinen Akten.

„Dann müssen Sie eine Feuerversicherung in Höhe von 10 000 Dollar abschließen", sagte er endlich.

Ich erklärte ihm, daß der Wagen bereits versichert sei.

„Das sagen alle, aber darauf können wir keine Rücksicht nehmen."

„Und ich kann keine Versicherung in dieser Höhe abschließen!"

„Dann müssen Sie eben wieder wegfahren!"

„Das werde ich auch tun!"

Ich irrte weiter in der Gegend herum, hatte aber keinen Erfolg. Als es bereits anfing dunkel zu werden, ging mir das Benzin aus. Ich fuhr zu einer Tankstelle. Während der Tankwart Benzin einfüllte, erkundigte ich mich nach der Toilette. Dort kletterte ich durch das Fenster, kroch durch einen Schacht und kam in das Magazin. Von hier aus stieg ich durch eine Tür in einen dunkeln Raum, in dem es nach Leder roch. Es war mein Auto, das die Tankwärter hier abgestellt hatten. Anscheinend hatten sie Ähnliches schon öfter erlebt.

Verzweifelt fragte ich:

„Und was können Sie sonst noch mit dem Auto machen?"

Prompt kam die Antwort:

„Ein Ölwechsel dauert zehn Minuten. Überholen des Motors eine halbe Stunde. Lackieren eine Stunde."

„Dann lackieren Sie ihn bitte grasgrün und wechseln Sie das Öl!"

Hastig startete ich in Richtung Dr. Blumenfeld. Ich rannte, denn

201

auf dem Zettel, den man mir an der Tankstelle in die Hand gedrückt hatte, stand zu lesen: „Wenn Sie nicht pünktlich in einer Stunde und zehn Minuten Ihren Wagen abholen, wird er verschrottet."
Da ich schon lange nicht mehr schnell gelaufen war, geriet ich bald außer Atem. Also nahm ich das nächstbeste Taxi. Als ich bei Dr. Blumenfeld ankam, waren fünfzig Minuten vergangen, ich mußte also schleunigst umkehren. An der Tankstelle kam ich gerade zurecht, als die Tankwärter mein Auto in die Verschrottungsanlage fahren wollten.
Jetzt gab es nur noch eine Möglichkeit, und ich war entschlossen, diese auszunützen. Ich fuhr mit meinem Auto vor Dr. Blumenfelds Haus und ließ es krachend auf einem Laternenpfahl aufprallen. Erlöst betrachtete ich den Blechschaden und begab mich in die Praxis.
Gerade als Dr. Blumenfeld mit der Behandlung fertig war, ertönte von unten zorniges Hupen. Durch das Fenster sah ich, daß dicht hinter meinem Auto ein anderes stand. Einer von Dr. Blumenfelds Patienten empfing mich wutschnaubend:
„Was bilden Sie sich eigentlich ein, daß Sie hier so lange stehenbleiben? Glauben Sie, die Laterne gehört nur Ihnen?"
Ich mußte ihm recht geben. Selbst im reichen Amerika kann sich niemand den Luxus einer eigenen Parklaterne leisten. Seither gehe ich zu Fuß oder ich fahre mit dem Bus. Es ist bequemer, und ich weiß, daß ich mein Ziel so auch wirklich erreiche.

Jeden Abend weiche Eier

Einmal im Jahr, meistens im Frühjahr, findet auch bei uns ein großer Hausputz statt. Wie sich das Ganze im letzten Jahr abspielte, geht aus den Seiten des folgenden Tagebuchs hervor:

Sonntag. Heute beim Frühstück sagte die beste Ehefrau von allen:

„Langsam wird es Zeit, daß wir wieder einmal Großputz machen. Aber heuer will ich nicht das ganze Haus auf den Kopf stellen. Dieses Jahr werde ich nur gründlich Staub wischen und vor allem die Ecken einmal richtig auskehren. Dazu brauche ich allerdings zwei neue Besen, unsere alten sind unbrauchbar."

„Gerne", antwortete ich und lief zum Kaufmann an der Ecke. Als ich wieder nach Hause kam, floß um unser Haus herum ein kleines Bächlein. Die beste Ehefrau von allen hatte beschlossen, vor dem Staubwischen den Fußboden etwas anzufeuchten. Zur Unterstützung hatte sie noch eine Putzfrau kommen lassen, diese hatte ihre Tochter mitgebracht zum Wassertragen.

„In einem Tag haben wir das alles hinter uns", meinte meine Frau.

204

Ich freute mich über diese Auskunft, denn außer weichen Eiern gab es an diesem Tag nichts zu essen.

Am Nachmittag wurden außerdem die quietschenden Fensterläden abgenommen. Der Schlosser meinte, daß wir neue Fensterangeln bräuchten, weil die alten verbogen seien. Er sagte, ich sollte in Fuhrmanns Eisenwarenhandlung in Jaffa neue kaufen. Da ich einsah, daß der Schlosser für solche Kleinigkeiten keine Zeit hatte, machte ich mich selbst auf den Weg.

Montag. Gegen Mittag kam ich aus Jaffa zurück. Hier hatte ich original belgische Fensterangeln gekauft. Fuhrmann hatte gesagt, er hätte auch einheimische, aber die würden nichts taugen. „Die belgischen", versicherte er mir, „halten ewig, mindestens fünf Jahre."

Als ich diesmal nach Hause kam, war aus dem kleinen munteren Bächlein ein reißender Bach geworden. Durch die Haustüre konnte ich auch nicht mehr gehen, weil der Tapezierer sämtliche Stühle und Sessel aus allen Räumen in der Eingangsdiele zusammengestellt hatte. Die Möbel aus dem Vorraum waren in der Küche, die Küchengeräte im Badezimmer, und das Badezimmer war auf der Terrasse. Ich sprang durch das Fenster in das Haus und fiel in einen Bottich mit Kalk.

Meine Frau meinte nur: „Weißt du, ich dachte, daß wir bei dieser Gelegenheit auch die Zimmerwände neu weißen lassen sollten." Sie stellte mich dem Maler vor und beauftragte mich, mit diesem einen Preis auszuhandeln. Schließlich einigten wir uns auf 500 Pfund, einschließlich aller Türen.

Der Schlosser schaute die Fensterangeln an, die ich gebracht hatte und sagte:

„Diese hier sind nur zwei Zoll lang. Wir brauchen aber drei Zoll lange."

Er schickte mich zurück zu Fuhrmann nach Jaffa.

In dieser Nacht schlief meine Frau mit Rafi, unserem Jüngsten, im Bücherregal. Ich schlief in der Wiege. Zum Abendessen gab es Rühreier.

Dienstag. Fuhrmann behauptete, die Fensterangeln seien drei Zoll lang und schickte mich wieder nach Hause. Im Garten trat ich in eine Pfütze mit frischer Farbe. Mühsam kämpfte ich mich bis zur Vorhalle durch. Hier wusch ich mir die Farbe ab. Im Badezimmer wurden gerade die Wandkacheln geändert (türkisblau 350 Pfund). Meine Frau meinte, man solle solche Kleinigkeiten gleich mit erledigen. Der Elektriker, den wir gerufen hatten, damit er einen Kurzschluß beseitige, teilte uns mit, daß wir alle Schalter, Kontakte und Sicherungen auswechseln müßten. Er könnte sonst für nichts garantieren. Er verlangte für seine Arbeit lächerliche 180 Pfund. Dem Schlosser paßten die Fensterangeln wieder nicht, er schickte mich zu Fuhrmann nach Jaffa zurück. Als der Maler in der Mitte der Küchendecke angelangt war, erhöhte er seinen Preis mit folgender Erklärung:

„Sie müssen wissen, im Frühjahr bin ich immer etwas teurer. Um diese Zeit wollen alle Leute die Wohnungen neu ausgemalt haben."

Dazu verlangte er noch eine besondere Art von Furnierholz,

einen bestimmten Lack, zwei Päckchen Zigaretten und einen Strohhut. Die Zahl seiner Gehilfen war mittlerweile auf vier angewachsen. Sie sangen fröhlich bei der Arbeit.

In dieser Nacht lösten wir das Schlafproblem ohne Schwierigkeiten. Ich raffte alle Kleider aus dem großen Kleiderschrank zusammen und stopfte sie in den Kühlschrank. Dann legte ich den Schrank rücklings auf den Balkon und legte mich darin zum Schlafen nieder.

Die beste Ehefrau von allen schlief mit Rafi im großen Wäschekorb.

Zum Abendessen gab es wieder einmal weiche Eier.

Mittwoch. Der Eisenwarenhändler in Jaffa warf mich hinaus. Als ich das dem Schlosser erzählte, fragte er mich, wozu wir die Fensterangeln eigentlich bräuchten. Doch es war nun nicht mehr notwendig, darüber nachzudenken. Im Lauf der Nacht war ein Mann gekommen und hatte die Fußböden herausgerissen. Es war seit langem der Wunsch meiner Frau gewesen, etwas hellere Fußböden zu haben. Der Bodenleger verlangte nur 340 Pfund, und meine Frau meinte:

„Nur das noch, dann ist alles vorbei und das Haus ist wie neu."

Zu dieser Zeit arbeiteten bei uns bereits siebzehn Mann. Die Maurer, die gerade eine Zwischenwand einrissen, machten einen ohrenbetäubenden Lärm.

„Ich habe mit dem Gebäudeverwalter gesprochen", teilte mir die beste Ehefrau von allen mit. „Er riet mir, die Zwischenwand zwischen Rafis Zimmer und deinem Arbeitszimmer niederzureißen. Dann bekommen wir endlich ein großes Gästezimmer. Das bisherige kleine Gästezimmer brauchen wir dann nicht mehr. Wir können eine neue Wand einziehen, damit du dein Arbeitszimmer erhältst und Rafi sein Zimmer."

Um nicht sinnlos herumzustehen holte ich mir eine Leiter, nahm eine Schere und schnitt alle Deckenlampen ab. Danach suchte ich mir den alten Schrankkoffer heraus, um mich schlafen zu legen. Da störte mich aber der Gebäudeverwalter:

„Es wird das beste sein, wenn Sie die Küche auf den Dachboden verlegen, und das Badezimmer zur Rumpelkammer machen. Das ganze ist ziemlich billig, es kostet nicht mehr als 300 Pfund."

Ich bat ihn, das mit meiner Frau zu besprechen. Sie wollte ja eigentlich nur einige kleinere Reparaturen ausführen lassen. Meine Frau war aber müde und wollte nicht mehr reden. Sie versteckte sich hinter einigen Balken. Nach dem Abendessen, das heute aus zwei rohen Eiern bestand, legte ich mich in meinem Schrankkoffer zur Ruhe.

Donnerstag. Nach meinem Besuch bei Fuhrmann ging ich heute nicht nach Hause. Ich verbrachte die Nacht auf einer Gartenbank. Endlich konnte ich wieder einmal ruhig schlafen. Zum Frühstück aß ich etwas Gras und trank Wasser aus einem Springbrunnen. Danach fühlte ich mich wie neu geboren.

Freitag. Daheim erwartete mich eine Überraschung. Wo früher unser Haus gestanden hatte, war jetzt eine tiefe Grube. Die beste Ehefrau von allen stand mit Rafi am Rand. Als sie mich sah, meinte sie:

„Ich dachte, daß wir den kleinen Hausputz eigentlich dazu verwenden könnten, alles niederzureißen. Dann können wir gleich
neu bauen und haben es so, wie wir es uns vorstellen."
Ermattet sank ich auf den Boden.
„Du hast vollkommen recht, meine Liebe. Aber warten wir doch
noch ein bißchen, bis alles wieder billiger geworden ist."
Seitdem wohnen wir in einem hübschen Mietshaus. Wir haben
uns hier gut eingelebt und wollen eigentlich gar nicht mehr bauen.

Der Ameisenkrieg

Wohnungen, die zu ebener Erde liegen, haben einen Vorteil und einen Nachteil. Der Vorteil ist: Man muß keine Treppen steigen. Und der Nachteil ist: Auch die Ameisen müssen keine Treppen steigen. Deshalb wandert jeden Morgen eine Ameisenarmee über unsere Türschwelle und kriecht die Küchenwand hinauf bis zum Brotkorb. Hier läßt sich ein Teil der lieben Tierchen nieder, die anderen laufen weiter bis zum Abwaschbecken. Brotkorb und Waschbecken sind fest in der Hand der Ameisen, hier befinden sich ihre Ausgangspositionen für den ganzen Tag. Es beginnt ein ständiges Kommen und Gehen; heuer ist ein besonders ameisenreicher Sommer.

„Es hilft nichts, einige von ihnen zu erschlagen", meinte die beste Ehefrau von allen, „wir müssen das Nest suchen."

Und so verfolgten wir die Prozession in entgegengesetzter Richtung. Der Weg führte in den Garten, verschwand für kurze Zeit unter einem Gebüsch, tauchte wieder auf und verlief im Zickzack Richtung Norden.

An der Stadtgrenze blieben wir schnaufend stehen.

„Sie kommen von auswärts", schwer atmend drehte sich meine Frau um. „Aber wie haben sie gerade den Weg zu unserem Haus gefunden?"

Solche Fragen kann niemand beantworten, außer vielleicht die Ameisenkönigin. Die Arbeiterinnen gehorchen nur ihren Vorgesetzten, sie erfüllen ihren Auftrag.

Nachdem wir unsere Hausgenossen einige Tage sorgfältig beobachtet hatten, kauften wir ein Ameisenvertilgungspulver, das von der Werbung als sehr wirksam empfohlen worden war. Damit bestreuten wir den Weg von der Hausschwelle bis zur Küche und hier bis hinauf zum Abwaschbecken.

Am nächsten Morgen kamen die Ameisen nur langsam vorwärts, weil sie die vielen kleinen Pulverhügel übersteigen mußten. Eine andere Wirkung zeigte sich nicht. Am nächsten Tag versuchten wir es mit einer Insektenspritze. Die Vorhut der Ameisen fiel, die Hauptarmee marschierte ungerührt weiter.

„Sie sind sehr widerstandsfähig, das muß man ihnen lassen", meinte meine Frau und wusch die ganze Küche mit einem starkriechenden Desinfektionsmittel aus. Die Ameisen blieben zwei Tage weg. Auch wir konnten in dieser Zeit die Küche nicht betreten. Doch danach erschienen die Ameisenregimenter wieder in voller Stärke und legten noch größeren Eifer an den Tag als zuvor. Dabei entdeckten sie den Topf mit dem Hustensirup. Er ging in ihren Besitz über, sie haben sicher nie mehr gehustet.

Die beste Ehefrau von allen, eine allgemein anerkannte Tier-

213

freundin, begann nun jeden Morgen, die Ameisen einzeln zu töten. Auf diese Weise starben Tausende. Doch sie ließ es bald wieder sein.

„Es kommen immer neue", seufzte sie. „Es sind entsetzlich viele." Irgend jemand gab ihr den Tip, Ameisen könnten den Geruch von Gurken nicht ertragen. Am nächsten Tag war unsere ganze Küche mit Gurken ausgelegt. Aber offenbar wußten die Ameisen nichts davon, daß sie Gurken nicht mögen, denn sie wanderten nach kurzem, erstaunten Schnuppern zwischen den Gurken hindurch. Nun wußten wir uns nicht mehr zu helfen, wir riefen beim Gesundheitsamt an und baten um Rat.

„Was soll man denn machen, um Ameisen loszuwerden?" fragten wir.

„Das möchte ich selbst gern wissen", antwortete der Beamte. „Ich habe die ganze Küche voller Ameisen."

Eine Zeitlang versuchten wir es noch erfolglos weiter, doch dann entschlossen wir uns, den ungleichen Kampf aufzugeben. Seitdem wandern die Ameisen friedlich an unserem Frühstückstisch vorbei und nehmen ihre gewohnten Plätze ein. Sie stören uns nicht mehr, und wir stören sie auch nicht. Man könnte fast sagen, wir haben uns aneinander gewöhnt. Es ist ein friedliches Nebeneinanderleben.

Wer klaut die Briefmarken

Vor etwa einer Woche fiel mir auf, daß ich keine Briefe mehr bekam. Zuerst glaubte ich, wir hätten einen neuen Postboten bekommen, der sich noch nicht richtig auskennt. Doch gestern entdeckte ich zufällig die wahre Ursache. Als ich morgens das Haus verließ, erwischte ich den Sohn der Familie Ziegler, die im Nachbarhaus wohnt, als er gerade aus meinem Briefkasten die Briefe herausangelte. Als er mich sah, ergriff er schnellstens die Flucht. Wutschnaubend ging ich zu Herrn Ziegler, der auf der Schwelle seines Hauses stand.

„Was ist denn los?" fragte er.

„Herr Ziegler", tobte ich los, „Ihr Sohn stielt meine Briefe."

„Er stiehlt keine Briefe, er sammelt nur Briefmarken", antwortete mir der stolze Vater.

„Wie bitte?"

„Hören Sie", begann Herr Ziegler. „Ich lebe seit Jahren in diesem Land und habe einiges geleistet. Ich spreche aus Erfahrung. Heutzutage lohnt es sich gar nicht mehr, Briefe zu bekommen."

„Und wenn einmal ein wichtiger Brief dabei ist?"

„Wichtig? Glauben Sie mir, nichts ist wichtig. Was die lieben Verwandten schreiben, interessiert Sie sowieso nicht. Und die amtlichen Briefe, die in Ihrem Briefkasten landen, sind meistens unerfreulich. Entweder es sind Strafzettel oder Steuerbescheide oder Mahnungen."

„Wichtig oder nicht, ich will die Briefe lesen, die an mich geschickt werden!"

„Nun ja, wenn Sie das nicht einsehen wollen", antwortete Herr Ziegler gereizt, „so werde ich mit meinem Sohn reden."

„Vielen herzlichen Dank. Vielleicht darf ich Ihrem Sohn den Schlüssel zu meinem Briefkasten geben?"

„Aber nein", winkte Herr Ziegler ab, „es ist besser, wenn er lernt, wie mühsam es ist, Briefmarken zu sammeln."

Seit dieser Zeit machen meine Briefe immer einen kleinen Umweg. Auch erhalte ich nicht die ganze Post. Aber unterdessen habe ich mich daran gewöhnt. Ich habe alle meine ausländischen Freunde gebeten, besonders schöne Marken auf ihre Briefe zu kleben. Dann ist die Möglichkeit, daß ich sie wirklich erhalte, um einiges größer.

Meine einzige Hoffnung besteht darin, daß Ziegler junior bald keine Lust mehr hat, Briefmarken zu sammeln.

Papi als Schwimmlehrer

Mein Sohn Amir steht am Rand des Schwimmbeckens und heult.

„Komm ins Wasser!" rufe ich.

„Ich hab' Angst!" ruft er zurück.

Seit einer Stunde versuche ich, meinen kleinen Rotschopf ins Wasser zu locken, damit ihn Papi im Schwimmen unterweisen kann.

Aber er hat Angst. Er heult vor lauter Angst. Auch wenn sein Heulen noch nicht die höchste Lautstärke erreicht hat – bald wird es soweit sein, ich kenne ihn.

Ich kenne ihn und bin ihm nicht böse. Nur allzu gut erinnere ich mich, wie mein eigener Papi versucht hat, mir das Schwimmen beizubringen, und wie ich heulend vor Angst am Rand des Schwimmbeckens stand. Mein Papi ist damals recht unsanft mit mir umgegangen.

Aber ich will meinem Sohn nichts aufzwingen, wozu er keine Lust hat. Er soll den entscheidenden Schritt von selbst tun.

„Komm her, mein Kleiner", flöte ich. „Komm her und sieh selbst.

Das Wasser reicht dir kaum bis zum Nabel, und Papi wird dich festhalten. Es kann dir nichts geschehen."

„Ich hab' Angst."

„Alle anderen Kinder sind im Wasser und spielen und schwimmen und lachen. Nur du stehst da und weinst. Warum weinst du?"

„Weil ich Angst hab'."

„Bist du denn schwächer oder dümmer als andere Kinder?"

„Ja."

„Wovor hast du Angst, Amirlein?"

„Vor dem Ertrinken."

„Wie kann man in diesem seichten Wasser ertrinken?"

„Wenn man Angst hat, kann man."

„Nein, nicht einmal dann." Ich versuche es ihm zu erklären: „Der menschliche Körper hat ein spezifisches Gewicht, weißt du, und schwimmt auf dem Wasser. Ich zeig's dir." Papi legt sich auf den Rücken und bleibt gemächlich liegen. Das Wasser trägt ihn.

Mitten in diesem lehrreichen und überzeugenden Beweis springt irgendein Idiot dicht neben mir ins Wasser. Die aufspritzenden Wellen überschwemmen mich, ich schlucke Wasser, mein spezifisches Gewicht zieht mich abwärts, und mein Sohn heult jetzt bereits im dritten Gang.

Nachdem ich nicht ohne Mühe wieder hochgekommen bin, wende ich mich an den Badewärter, der den Vorgang gleichmütig beobachtet hat.

„Bademeister, bitte sagen Sie meinem kleinen Jungen, ob hier im Kinderschwimmbecken jemand ertrinken kann."

220

„Selbstverständlich", antwortet der Bademeister. „Und wie!"
So sieht die Unterstützung aus, die man von einem Bademeister
bekommt, der doch helfen sollte, Kindern die Angst zu nehmen.
Ich bin wieder einmal ganz auf mich selbst angewiesen.
„Ich mach' dir einen Vorschlag, Amir. Du gehst ins Wasser, ohne
daß ich dich anrühre. Du gehst so lange, bis dir das Wasser an die
Knie reicht. Wenn du willst, gehst du weiter. Wenn du nicht
weitergehen willst, bleibst du stehen. Wenn du nicht stehen
bleiben willst, steigst du aus dem Wasser. Gut?"
Amir nickt, heult und macht ein paar zögernde Schritte ins Wasser
hinein. Noch ehe es ihm bis an die Knie reicht, dreht er sich um
und steigt aus dem Wasser, um sein Geheul am Land wieder auf-
zunehmen. Dort heult sich's ja auch leichter.
„Mami!" heult er. „Mami!"
Das macht er immer. Wenn ich ihn erziehen will, heult er nach
Mami. Gleichgültig, ob sie ihn hören kann oder nicht.
„Wenn du nicht sofort ins Wasser kommst, Amir, gibt's heute
kein Fernsehen."
War ich zu streng mit dem Kleinen? Er heult und rührt sich nicht.
Er rührt sich nicht und heult.
Ich mache einen weiteren Versuch.
„Es ist doch ganz einfach, Amir. Du streckst die Arme aus und
zählst. Eins-zwei-drei. Schau, ich zeig's dir. Eins-zwei-dr..."
Es ist klar, daß man nicht gleichzeitig schwimmen und zählen
kann. Niemand hat mich das gelehrt. Außerdem bin ich kein
Schwimmer, sondern ein Schriftsteller. Ich kann ja auch nicht

gleichzeitig schwimmen und schreiben. Kein Mensch kann das, also bin ich untergegangen.

Mittlerweile hat sich Amir in die höchsten Töne gesteigert und röhrt drauflos, umringt von einer schaulustigen Menge, die mit Fingern auf seinen Vater weist. Ich springe aus dem Wasser und verfolge ihn rund um das Schwimmbecken. Endlich erwische ich ihn und zerre ihn ins Wasser. Dem Balg werde ich noch beibringen, wie man freiwillig schwimmen lernt!

„Mami!" brüllt er. „Mami, ich hab' Angst!"

Das alles kommt mir irgendwie bekannt vor. Hat mich nicht auch mein eigener Vater ins Wasser gezerrt? Hab nicht auch ich verzweifelt nach meiner Mami gerufen? So ist das Leben. Alles wiederholt sich.

„Will nicht ins Wasser!" heult mein Sohn. „Will Mami!"

Ich halte ihn auf beiden Armen, etwa einen halben Meter über dem Wasser, und schenke seiner Behauptung, daß er ertrinkt, keinen Glauben.

„Eins-zwei-drei", kommandiere ich. „Schwimm!"

Er folgt meinen Anweisungen, wenn auch heulend. Ein Anfang ist gemacht. Aber da ich ihn nicht das Fliegen lehren will, sondern das Schwimmen, muß ich ihn wohl oder übel mit dem Wasser in Berührung bringen. Vorsichtig senke ich meine Arme abwärts. Amir beginnt zu strampeln und schlägt wild um sich. Von Schwimmbewegungen keine Spur.

„Schwimm!" höre ich mich brüllen. „Eins-zwei-drei!"

Jetzt hat er mich gebissen. Er beißt den eigenen Vater, der für ihn

sorgt und ihm nichts als Liebe entgegenbringt. Zum Glück bin ich noch immer stärker als er. Ich zwänge seine Hüften in die eiserne Umklammerung meiner starken Schenkel, so daß sein Oberkörper auf der Wasserfläche liegt, und vollführe mit seinen Armen die vorgeschriebene Eins-zwei-drei-Bewegung.

Eines Tags wird er's mir danken. Eines Tags wird er wissen, daß er ohne meine Fürsorge und meine engelsgleiche Geduld niemals die Wasser beherrscht hätte. Eines Tags wird er mich dafür lieben.

Vorläufig tut er nichts dergleichen. Im Gegenteil, er schlägt seine verhältnismäßig freien Fersen unablässig in meinen Rücken. Vorne heult er, hinten tritt er. Einst war auch mein Vater zwischen den starken Schenkeln meines Großvaters eingeklemmt und hat es überstanden. Auch du wirst es überstehen, mein Sohn, das verspreche ich dir.

Durch den Lautsprecher schallte die Stimme des Bademeisters: „Sie dort! Ja, Sie! Lassen Sie den Kleinen in Ruh! Sie bringen das Kind ja in Lebensgefahr!"

Ich steige mit Amir ans Ufer, lasse ihn brüllen und springe mit elegantem Schwung in die kühlen Wogen zurück, mit einem ganz besonders eleganten Schwung, der mich kühn über die aus dem Wasser herausragenden Köpfe hinwegträgt ... weit hinaus in das Schwimmbecken ... dorthin, wo es am seichtesten ist ...

Die Wiederbelebungsversuche des Badewärters hatten Erfolg. „Unglaublich", sagte er, indem er meine Arme sinken läßt. „Und Sie wollen einem Kind das Schwimmen beibringen."

Ein wirklicher Astronaut

„Ephraim", sagte die beste Ehefrau von allen, „unser Amir hat wieder einmal eine seiner Launen."

Die Vorbereitungen für die Purim-Maskerade waren in vollem Gange. Rafi, unser Ältester, hatte das Kostüm eines Piraten mit leichtem Anhauch von Militärpolizei gewählt und war's zufrieden. Nicht so Amir. Er strich mit einem so sauren Gesicht durchs Haus, daß einem das Wasser im Mund zusammenlief wie beim Essen einer Zitrone. Ab und zu versetzte er dem in einer Ecke liegenden Kostüm, das seine Mutti eigenhändig für ihn angefertigt hatte, im Vorübergehen einen wütenden Tritt. Die quergebügelten Hosen, die Stulpenstiefel, der mächtige, breitkrempige Texas-Hut, der Patronengürtel und die Revolver, kurzum: die komplette Ausstattung für den perfekten Cowboy – das alles stieß bei ihm auf finsterste Verachtung.

„Was ist los mit dir, Amir?" fragte ich teilnahmsvoll. „Willst du kein Cowboy sein?"

„Nein. Ich will ein Astronaut sein."

Das Unheil kam daher, daß er in seiner Kinder-Wochenzeitung etwas über den Mondflug von Apollo 13 gelesen hatte.

„Immer mit der Ruhe", beruhigte ich ihn. „Wollen sehen, was sich machen läßt."

„Ganz richtig", stimmte seine Mutter zu. „Laß uns die Sache in Ruhe besprechen."

Wir besprachen die Sache und kamen überein, daß der Wunsch unseres Sohnes nichts Schlimmes war. Ein Astronaut zu sein, ist keineswegs das Schlechteste, was ein junger Mensch sich heutzutage wünschen kann. Also wollten wir ihm einen gerechten Vorschlag machen:

„Heuer wirst du noch ein Cowboy sein", wandte ich mich an Amir. „Und nächstes Jahr bist du ein Astronaut."

Die Antwort war ebenso lautstark wie ablehnend:

„Nein! Nicht nächstes Jahr! Heuer! Heute! Jetzt! Sofort!"

Ich mußte schweren Herzens nachgeben:

„Schön, dann bist du also schon heuer ein Astronaut. Wir werden dir eine große Tafel umhängen und in ganz großen Buchstaben ‚Apollo 13' draufschreiben."

Amirs Entgegnung erfolgte abermals lautstark:

„Damit bin ich noch kein Astronaut!"

„So? Wie sieht ein Astronaut denn aus?"

„Weiß ich nicht", schluchzte Amir. „Das müßt *ihr* wissen! Ihr seid die Erwachsenen!"

226

Die Lage wurde immer bedrohlicher.

„Astro-", brüllte er, „-naut, -naut, -naut! Astronaut!"

Ich versuchte ihn zu beschwichtigen:

„Gut, dann werden wir dir eben auch noch einen großen Schnurrbart ankleben."

„Ich will aber keinen Schnurrbart! Astronauten haben keine Schnurrbärte!"

„Dann vielleicht eine Brille?"

„Haben Astronauten auch nicht!"

Ich finde das sehr gedankenlos von ihnen, das muß ich schon sagen. Wie kann ein verantwortungsbewußter Astronaut ohne Bart und ohne Brille auf den Mond fliegen?

„Jetzt hab' ich's!" rief ich aus. „Amir wird Papis gelbgestreiften Pyjama anziehen!"

Das Geheul meines Sohnes überstieg jetzt alle Grenzen und war hart daran, die Schallmauer zu durchbrechen:

„Ich will keinen Pyjama! Ich will ein Astronaut sein!"

„Laß deinen Papi ausreden! Du wirst den gelbgestreiften Pyjama anziehen, und wir befestigen hinten einen Propeller. Einen richtigen Propeller, der sich richtig dreht."

„Ich will keinen blöden Propeller!"

„Willst du Flügel haben?"

„Ich bin ja kein blöder Vogel! Ich bin ein Astronaut! Astronaut! Astronaut! Naut! Astro!"

In unbeherrschter Wut wälzt sich Amir auf dem Teppich, schlägt

228

um sich, brüllt so laut er nur kann, und wenn er noch eine kleine Weile weitermacht, platzen ihm vielleicht die Lungen. Das darf ich nicht zulassen:

„Schon gut, Amir. Dann muß ich eben den Onkel Astronaut anrufen und ihn fragen, was er für gewöhnlich anzieht, wenn er auf den Mond fliegt."

Amir verstummt, seine blauen Augen weiten sich hoffnungsfroh, er verfolgt interessiert jede meine Bewegungen. Ich nehme den Hörer auf und wähle irgendeine Nummer:

„Hallo? Apollo-Hauptquartier? Ich möchte den Astronauten vom Dienst sprechen."

„Wen wollen Sie bitte?" fragt am anderen Ende eine gänzlich fremde Frauenstimme.

„Hier bei Dr. Weißberger."

„Hallo, Winston!" rufe ich unbeirrt freudig. „Wie geht's denn immer? Das ist fein. Ich habe eine Bitte an dich, Winston. Mein Sohn Amir möchte wissen, was ihr Astronauten bei euren Mondflügen anhabt."

„Wer?" beharrte die fremde Frauenstimme. „Hier Haus von Dr. Weißberger."

„Bitte bleib am Apparat, Winston, ich hole nur einen Bleistift… Also wie war das? Quergebügelte Hosen…Stulpenstiefel…breitkrempige Hüte…"

„Ich versteh' Sie nicht gut, wen wollen Sie sprechen?"

„Natürlich schreibe ich mit, Winston. Also weiter. Patronengürtel

und Pistolen ... Ist das alles? Danke. Und grüß mir den Präsidenten."

„Dr. Weißberger kommt um zwölf nach Hause."

„Danke vielmals. Und alles Gute für euren nächsten Mondflug!"
Ich lege den Hörer auf und wende mich mit betrübtem Gesichtsausdruck an Amirs Mutter:

„Du hast ja mitgehört", sage ich. „Wo in aller Welt sollen wir jetzt die Sachen hernehmen, die ein Astronaut trägt?"

„Dumme Frage!" ruft triumphierend mein dummes Kind. „Es liegt ja alles hier in der Ecke!"

Das Unglück war abgewendet. Im letzten Augenblick und unter großer Bedrängnis. Aber abgewendet.

Eine kleine Bitte zum Schluß: Sollte einer von Euch in den nächsten Tagen einem kleinen, rothaarigen Cowboy begegnen, dann bleibt stehen und sagt so laut, daß er es bestimmt hört:

„Uih, schau mal. Ein wirklicher Astronaut!"

Das Wunderkind

Ich liebe es, auf Parkbänken zu sitzen, aber nur im Winter. Denn da sich während der kalten Monate nur ein Irrsinniger ins Freie setzen würde, kann ich in Ruhe meine Kreuzworträtsel lösen und vielleicht ein wertvolles Buch gewinnen, ohne daß mich jemand stört. So saß ich auch gestern wieder im Dezembersonnenschein auf meiner Bank und hoffte, daß mich niemand ansprechen würde.

Gerade als ich dabei war, 7 links senkrecht einzutragen, näherte sich mir von rechts waagrecht ein Mann, blieb stehen, wandte sich zu mir und fragte:

„Ist hier frei?"

Mein „Ja" war kurz und alles eher als einladend, aber das hinderte den Störenfried nicht, sich auf das andre Ende der Bank niederzulassen. Ich vertiefte mich deutlich in mein Kreuzworträtsel, wobei ich durch gerunzelte Brauen anzudeuten versuchte, daß ich in meiner verantwortungsvollen Arbeit nicht gestört zu werden wünschte.

Der Mann neben mir kümmerte sich nicht darum, mit einer einzigen, offenkundig geübten Handbewegung schob er mir ein halbes Dutzend Fotos von Postkartengröße, einen Knaben darstellend, unter die Nase:
„Egon wird übermorgen sechs Jahre", erzählte er mir dabei.
Pflichtschuldig überflog ich die sechs Bilder, lächelte milde über das eine, auf dem Egon die Zunge herausstreckte, und gab die Bilder an den Besitzer zurück. Dann vertiefte ich mich wieder in mein Kreuzworträtsel. Aber ich ahnte, daß unser Gespräch damit noch nicht zu Ende war. Und da kam es auch schon:
„Ganz wie Sie wollen", sagte der Mann und rief dem in einiger Entfernung herumtollenden Knaben durch den Handtrichter zu:
„Egon, komm schnell her. Der Herr möchte mit dir sprechen."
Egon kam widerwillig herangeschlurft und blieb vor der Bank stehen, die Hände mürrisch in den Hosentaschen. Sein Vater sah ihn mit mildem Tadel an:
„Nun? Was sagt man, wenn man einen fremden Herrn kennenlernt?"
Egon, ohne mich auch nur eines Blickes zu würdigen, antwortete:
„Ich habe Hunger."
„Das Kind lügt nicht", wandte sich der Vater erklärend an mich.
„Wenn Egon sagt, daß er Hunger hat, dann hat er Hunger, da können Sie Gift darauf nehmen."
Ich sagte ihm, daß ich das glauben würde und fragte den stolzen Erzeuger, warum er mir die Fotos gezeigt hätte, obwohl das Modell in der Nähe war.

„Die Fotos sind ähnlicher", lautete die väterliche Antwort. „Egon ist in letzter Zeit ein wenig abgemagert."

Ich brummte etwas Unverständliches und schickte mich an, die Bank und sicherheitshalber auch den Park zu verlassen. Mein Nachbar hinderte mich an diesem Plan. „Das Kind hat ein tolles Talent für Rechnen", raunte er mir hinter vorgehaltener Hand aus dem Mundwinkel zu, so daß Egon nichts davon hören und sich nichts darauf einbilden konnte. „Er geht erst seit ein paar Monaten in die Schule, aber der Lehrer hält ihn schon jetzt für ein Wunderkind ... Egon, sag dem Herrn eine Zahl."

„1032", sagte Egon.

„Eine andre. Eine höhere."

„6527."

„Also bitte, haben Sie so etwas schon erlebt? Im Handumdrehen! Und dabei ist er erst sieben Jahre alt! Unglaublich, wo er diese hohen Zahlen hernimmt. Und das ist noch gar nichts. Egon, sag dem Herrn, er soll an eine Zahl denken!"

„Nein", sagte Egon.

„Egooon! Du wirst den Herrn bitten, an eine Zahl zu denken!"

„Denken Sie an eine Zahl", grunzte Egon gelangweilt.

Jetzt machte mein Nachbar wieder von der vorgehaltenen Hand und vom Mundwinkel Gebrauch:

„Drei! Bitte denken Sie an drei!" Dann hob er den Finger und wandte sich an seinen Sohn: „Und jetzt werden wir den Herrn bitten, die Zahl, die er sich gedacht hat, mit zehn malzunehmen, nicht wahr, Egon?"

234

„Meinetwegen."

„Was heißt ‚meinetwegen'? Sprich anständig und in ganzen Sätzen."

„Nehmen Sie die Zahl, die Sie sich gedacht haben, mit zehn mal", leierte Egon den vorgeschriebenen Text herunter.

„Weiter", ermahnte ihn sein Vater.

„Dann teilen Sie die neue Zahl durch fünf, halbieren Sie die Zahl, die Sie dann bekommen – und das Resultat ist die Zahl, an die Sie zuerst gedacht haben."

„Stimmt's?" fragte mein Nachbar zitternd vor Aufregung; und als ich bejahend nickte, kannte seine Freude keine Grenzen.

„Aber wir sind noch nicht fertig! Egon, sag jetzt dem Herrn, an welche Zahl er gedacht hat."

„Weiß ich nicht."

„Egon!"

„Sieben?" fragte das Wunderkind.

„Nein!"

„Eins?"

„Auch nicht!" brüllte der enttäuschte Papa. „Konzentrier dich!"

„ich konzentrier' mich ja." Der Kleine begann zu weinen. „Aber woher soll ich denn wissen, an welche Zahl ein fremder Mann denkt?"

Mit der Selbstbeherrschung des Vaters war es vorbei:

„Drei!" Seine Stimme überschlug sich. „Drei, drei, drei! Wie oft soll ich dir noch sagen, daß die Leute immer an drei denken?!"

„Und wenn schon", quakte das gepeinigte Kind. „Was gehen mich

Zahlen an? Immer nur Zahlen, immer nur Zahlen! Wer braucht das?"

Aber da hatte mein Nachbar ihn schon am Kragen und beutelte ihn in erhabenem Vaterzorn.

„Was sagen Sie dazu?" keuchte er unter Verzicht auf Mundwinkel und vorgehaltene Hand. „Haben Sie schon jemals ein achtjähriges Kind gesehen, das sich nicht einmal eine einzige Ziffer merken kann? Gott hat mich hart geschlagen..."

Damit machte er sich davon, den heulenden Egon hinter sich herziehend. Ich sah ihm nach, bis seine gramgebeugte Gestalt im winterlichen Mittagssonnenschein verschwand.

Amir will nicht in den Kindergarten

Als wir Amir zum erstenmal in den Kindergarten brachten, schien er sich dort ungemein wohl zu fühlen, spielte sofort mit den anderen Kindern, tollte fröhlich mit ihnen umher, baute Plastikburgen und tanzte zu den Weisen einer Ziehharmonika. Aber schon am nächsten Morgen besann er sich auf sich selbst: „Ich will nicht in den Kindergarten gehen", plärrte er. „Bitte nicht! Papi, Mami, bitte keinen Kindergarten! Nein, nein, nein!" Wir fragten ihn nach den Gründen des plötzlichen Umschwungs – gestern hätte es ihm doch so gut gefallen, warum wollte er plötzlich nicht mehr, was ist denn los? Amir ließ sich auf keine Diskussion ein. Er wollte ganz einfach nicht, er weigerte sich, er war bereit, überall hinzugehen, nur nicht in den Kindergarten. Und da er in der Kunst des Heulens meisterhaft ausgebildet ist, setzte er auch diesmal seinen Willen durch.

Das Ehepaar Seelig bemängelte unsere Schwäche, und als wir Amir – der ja schließlich uns gehörte und nicht den Seeligs –

238

in Schutz zu nehmen versuchten, bekamen wir's mit Erna Seelig zu tun:

„Lauter Unfug", keifte sie. „Man darf einem kleinen Kind nicht immer nachgeben. Man muß es vor vollendete Tatsachen stellen. Nehmen Sie den Buben bei der Hand, liefern Sie ihn im Kindergarten ab, und fertig."

Wir konnten nicht umhin, den Mut dieser energischen Person zu bewundern. Endlich ein Mensch, der sich von Kindern nichts vorschreiben läßt! Wirklich schade, daß Erna Seelig keine Kinder hat.

Mit ihrer Hilfe zerrten wir Amir in den Wagen und unternahmen eine Spazierfahrt, die zufällig vor dem Eingang des Kindergartens endete. Amir begann sofort und in den höchsten Tönen zu heulen, aber das kümmerte uns nicht. Wir fuhren ab. Der Fratz soll nur ruhig heulen. Das kräftigt die Stimmbänder.

Nach einer Weile, vielleicht eine volle Minute später, wurden wir nachdenklich. In unseren Herzen stieg die bange Frage auf, ob er denn wohl noch immer weinte.

Wir fuhren zum Kindergarten zurück. Amir hing innen am Gitter, die kleinen Händchen ins Drahtgeflecht verklammert, den kleinen Körper von Schluchzen geschüttelt, aus dem die Rufe „Mami" und „Papi" klar hervordrangen.

Eine Stunde später wußte man in der ganzen Nachbarschaft, daß Amir zu Hause war und nicht im Kindergarten.

Und dann trat eine Wendung ein. Wir verbrachten den Abend bei den Birnbaums, zwei netten älteren Leuten. Im Lauf der

Unterhaltung kamen wir auch auf Amir und das Kindergarten-
problem zu sprechen und schlossen unsern Bericht mit den
Worten:
„Kurz und gut – er will nicht."
„Natürlich nicht", sagte Frau Birnbaum, eine sehr gescheite, fein-
gebildete Dame. „Sie dürfen ihm Ihren Willen nicht aufnötigen,
als wäre er ein dressierter Delphin. So kommt man kleinen
Kindern nicht bei. Auch unser Gabi wollte anfangs nicht in den
Kindergarten gehen, aber es wäre uns nie eingefallen, ihn zu
zwingen. Hätten wir das getan, dann wäre aus seiner Abneigung
gegen den Kindergarten späterhin eine Abneigung gegen die
Schule geworden und schließlich gegen das Lernen überhaupt.
Man muß Geduld haben. Zugegeben, das hat gewisse Schwierig-
keiten im Haushalt zur Folge, es kostet auch Zeit und Nerven,
aber die seelische Ausgeglichenheit eines Kindes ist jede Mühe
wert."
Meine Frau und ich wurden gelb vor Neid:
„Und hat Ihr System Erfolg?"
„Das will ich meinen! Wir fragen Gabi von Zeit zu Zeit ganz
beiläufig: ‚Gabi, wie wär's morgen mit dem Kindergarten?' Und
das ist alles. Wenn er nein sagt, dann bleibt's eben beim Nein.
Früher oder später wird er schon einsehen, daß man nur sein
Bestes will."
In diesem Augenblick steckte Gabi den Kopf durch die Türe:
„Papi, bring mich ins Bett."
„Komm doch erst einmal her, Gabi", forderte ihn mit freund-

241

lichem Lächeln Herr Birnbaum auf. „Und gib unseren Freunden die Hand. Auch sie haben einen kleinen Sohn. Er heißt Amir."

„Ja", sagte Gabi. „Bring mich ins Bett."

„Gleich."

„Sofort."

„Erst sei ein lieber Junge und begrüße unsere Gäste."

Gabi reichte mir flüchtig die Hand. Er war ein hübscher Kerl, hochgewachsen und wohlgebaut, etwa 1,80 m groß und eigentlich längst erwachsen.

„Jetzt müssen Sie uns entschuldigen", sagte Vater Birnbaum und verließ mit seinem Sohn das Zimmer.

„Gabi!" rief Frau Birnbaum hinterher. „Möchtest du morgen nicht in den Kindergarten gehen?"

„Nein."

„Ganz wie du willst, Liebling. Gute Nacht."

Wir blieben mit der Mutter allein.

„Es stört mich nicht im geringsten, daß er nicht in den Kindergarten gehen will", sagte sie. „Er ist ohnehin schon zu alt dafür. Nächstes Jahr wird er zum Militärdienst einberufen. Was soll er da noch im Kindergarten?"

Ein wenig betreten verließen wir das Birnbaumsche Haus. Bei allem Respekt vor den erzieherischen Methoden unserer Gastgeber schien uns das Ergebnis denn doch nicht so furchtbar gut. Ich wurde nachdenklich. Immer dieser dumme Kindergarten. Wo steht denn geschrieben, daß es Kindergärten geben muß? Bin ich als kleines Kind vielleicht in den Kindergarten gegangen?

Jawohl. Also?

Wir mußten den Alpdruck endlich loswerden. Am nächsten Tag suchten wir unsern Hausarzt auf, um uns mit ihm zu beraten. Er teilte unsere Bedenken und fügte abschließend hinzu: „Außerdem ist es gar nicht ungefährlich, den Kleinen jetzt in den Kindergarten zu schicken. Wir haben den Erreger dieser neuen Sommerkrankheit noch nicht entdeckt – aber es besteht größte Ansteckungsgefahr. Besonders wenn viele Kinder beisammen sind."

Das war die Entscheidung. Das war die Erlösung. Zu Hause angelangt, machten wir Amir sofort mit der neuen Sachlage vertraut:

„Du hast Glück, Amirlein. Der Onkel Doktor erlaubt nicht, daß du in den Kindergarten gehst, weil du dir dort alle möglichen Krankheiten holen könntest. Die Bazillen schwirren nur so in der Luft herum. Das wär's. Den Kindergarten sind wir los."

Seither gibt es mit Amir keine Schwierigkeiten mehr. Er sitzt den ganzen Tag im Kindergarten und wartet auf die Bazillen. Und er würde um keinen Preis auch nur eine Minute früher nach Hause gehen, als er muß.

Durch den Kakao gezogen

Amir ißt nicht gerne und hat auch niemals gerne gegessen. Wenn er überhaupt kaut, dann nur an seinem Schnuller. Einige Mütter haben uns geraten, ihn einfach hungern zu lassen, das heißt: wir sollten ihm so lange nichts zu essen geben, bis er reumütig auf allen vieren zu uns gekrochen käme. Wir gaben ihm also einige Tage lang nichts zu essen, und davon wurde er tatsächlich so schwach, daß wir auf allen vieren zu ihm gekrochen kamen, um ihm etwas Nahrung aufzudrängen.

Schließlich brachten wir ihn zu einem unserer führenden Spezialisten auf dem Gebiet der Kleinkind-Ernährung. Der weltberühmte Professor warf einen flüchtigen Blick auf Amir und fragte, noch ehe wir etwas gesagt hatten:

„Ißt er nicht?"

„Nein."

„Dabei wird's auch bleiben."

Nach einer kurzen Untersuchung bestätigte der erfahrene Fachmann, daß es sich hier um einen völlig aussichtslosen Fall handelte. Amirs Magen besaß die Aufnahmefähigkeit eines Vögleins.

Seither versuchen wir mehrmals am Tag, Amir mit Gewalt zu füttern. Ich muß allerdings gestehen, daß wir beide die dafür notwendige Geduld nicht aufbringen.

Zum Glück hat sich unser Opa der Sache angenommen und seinen ganzen Ehrgeiz dareingesetzt, Amir zur Nahrungsaufnahme zu bewegen. Er erzählt ihm die tollsten Geschichten, über die Amir vor Staunen den Mund aufreißt – und dabei vergißt er, daß er nicht essen will. Ein sehr guter Einfall, aber leider keine Dauerlösung.

Am schwierigsten ist es mit Kakao.

Dieses nahrhafte Getränk voller Vitamine ist für Amirs Entwicklung besonders wichtig. Deshalb schließt Großpapa sich abends mit Amir im Kinderzimmer ein, und wenn er nach einigen Stunden erschöpft und zitternd herauskommt, kann er stolz verkünden:

„Heute hat er's schon fast auf eine halbe Tasse gebracht."

Die große Wendung kam im Sommer. Eines heißen Abends, als Großpapa das Kinderzimmer verließ, zitterte er zwar wie gewohnt, aber diesmal vor Aufregung:

„Denkt euch nur – er hat die ganze Tasse ausgetrunken!"

„Nicht möglich!" riefen wir beide. „Wie hast du das fertiggebracht?"

246

„Ich hab' ihm gesagt, daß wir Papi hereinlegen werden."

„Wieso? Bitte erklär das mal."

„Ich hab' ihm gesagt: wenn er brav austrinkt, füllen wir nachher die Tasse mit lauwarmem Leitungswasser und erzählen dir, daß Amir schon wieder alles stehengelassen hat. Daraufhin wirst du wütend und machst dich selbst über die volle Tasse her. Und dann freuen wir uns darüber, daß wir dich hereingelegt haben."

Mir gefiel diese Sache gar nicht, aber Amirs Mutter meinte:

„Hauptsache, daß der Kleine seinen Kakao trinkt."

Daher blieb mir nichts anderes übrig, als auf das Spiel einzugehen. Großpapa ging ins Badezimmer, füllte den Becher mit lauwarmem Wasser und hielt ihn mir hin:

„Amir hat schon wieder keinen Tropfen getrunken!"

„Das ist ja unerhört!" schrie ich in hervorragend gespielter Empörung. „Was glaubt der Kerl? Er will diesen herrlichen Kakao nicht trinken? Gut, dann trink' ich ihn selbst!"

Amirs Augen hingen erwartungsvoll glitzernd an meinem Mund, als ich den Becher ansetzte. Und ich enttäuschte seine Erwartung nicht:

„Pfui Teufel!" rief ich nach dem ersten Schluck. „Was ist das für ein abscheuliches Gesöff? Brrr!"

„Reingefallen, reingefallen!" jauchzte Amir, tat einen Luftsprung und konnte sich vor Freude nicht fassen. Es war ein wenig peinlich – aber, wie seine Mutter sagt: „Hauptsache, daß er seinen Kakao trinkt."

Am nächsten Tag war's die gleiche Geschichte: Opa brachte mir einen Becher Leitungswasser, Amir hat nichts getrunken, was glaubt der Kerl, herrlicher Kakao, pfui Teufel, brrr, reingefallen, reingefallen. Und von da an wiederholte sich das Tag für Tag. Nach einiger Zeit ging es auch ohne Großpapa.

Jetzt kommt er schon selbst mit dem Leitungswasser, unerhört, herrlicher Kakao, pfui Teufel, reingefallen, Luftsprung ...

Mit der Zeit begann ich mir Sorgen zu machen:

„Liebling", fragte ich meine Frau, „ist unser Kind vielleicht ein bißchen dumm?"

Es war mir nämlich nicht ganz klar, was sich in seinem Kopf abspielte. Vergaß er jeden Abend, was am Abend zuvor geschehen war? Hielt er mich für so schwachsinnig, daß ich seit Monaten immer auf den gleichen Trick hereinfiel?

Die Mutter fand wie immer die richtigen Trostworte: was der Kleine denkt, ist unwichtig, wichtig ist, was er trinkt.

Es mochte ungefähr Mitte Oktober sein, als ich – vielleicht aus purer Zerstreutheit, vielleicht aus geheimem Protest – die üble Flüssigkeit ohne jedes „unerhört" und „brrr" direkt ins Klo schüttete.

Das sehen und in Tränen ausbrechen, war für Amir eins:

„Pfui, Papi", schluchzte er. „Du hast ja nicht einmal gekostet."

Jetzt reichte es mir:

„Ich brauche nicht zu kosten, jeder Trottel kann sehen, daß es nur Wasser ist."

249

Ein durchdringender Blick Amirs war die Folge:

„Lügner", sagte er leise. „Warum hast du dann bisher immer gekostet?"

So war das also. Amir wußte längst, daß wir Abend für Abend ein idiotisches Spiel veranstalteten. Wahrscheinlich hatte er's von Anfang an gewußt.

Unter diesen Umständen bestand keine Notwendigkeit mehr, die lächerliche Sache fortzusetzen.

„Doch", widersprach Amirs Mutter. „Es macht ihm Spaß. Hauptsache, daß er seinen Kakao trinkt."

Im November führte Amir eine kleine Änderung ein. Wenn ich ihn bei Überreichung des Bechers fragte, warum er seinen Kakao nicht getrunken hätte, antwortete er:

„Ich habe nicht getrunken, weil das kein Kakao ist, sondern Leitungswasser."

Eine weitere Erschwerung trat im Dezember auf, als Amir sich angewöhnte, die Flüssigkeit vor der Kostprobe mit dem Finger umzurühren. Die Zeremonie widerte mich immer heftiger an. Schon am Nachmittag wurde mir übel, wenn ich mir vorstellte, wie das kleine, rothaarige Ungeheuer am Abend mit dem Leitungswasser angerückt kommen würde. Alle anderen Kinder trinken Kakao, weil Kinder eben Kakao trinken. Nur mein eigenes Kind ist mißraten...

Gegen Ende des Jahres geschah etwas Rätselhaftes. Ich weiß nicht, was da in mich gefahren war: an jenem Abend nahm ich

250

aus meines Sohnes Hand den Becher entgegen – und statt den eklen Sud in weitem Bogen auszuspucken, trank ich ihn bis zur Neige. Ich erstickte beinahe, aber ich trank.

Amir stand entgeistert daneben. Als die Schrecksekunde vorüber war, schaltete er die höchste Lautstärke ein:

„Wieso?" schrillte er. „Warum trinkst du das?"

„Was heißt da warum und wieso?" gab ich zurück. „Hast du mir nicht gesagt, daß du heute keinen Tropfen Kakao getrunken hast? Und hab' ich dir nicht gesagt, daß ich den Kakao dann selbst trinken werde? Also?"

In Amirs Augen funkelte Wut. Er wandte sich ab, ging zu Bett und weinte die ganze Nacht. Es wäre wirklich besser gewesen, jetzt mit dem Kakao-Spiel aufzuhören. Aber davon wollte meine Frau nichts wissen:

„Hauptsache", erklärte sie, „daß er seinen Kakao trinkt."

So vollzog sich denn das Kakao-Spiel erbarmungslos Abend für Abend, immer zwischen sieben und halb acht...

Als Amir älter geworden war, ergab sich eine kleine Zeitverschiebung. Wir hatten ihm erlaubt, an seinem Geburtstag Freunde einzuladen, mit denen er sich unter Mitnahme des Bechers ins Kinderzimmer zurückzog. Gegen acht Uhr wurde ich ungeduldig und wollte ihn zwecks Abwicklung des Spiels herausrufen. Als ich mich der Türe näherte, hörte ich ihn sagen:

„Jetzt muß ich ins Badezimmer gehen und lauwarmes Wasser holen."

„Warum?" fragte sein Freund Gilli.

„Mein Papi will es so haben."

„Warum?"

„Weiß nicht. Jeden Abend dasselbe."

Der gute Junge – in diesem Augenblick wurde es mir klar – hatte die ganze Zeit geglaubt, daß *ich* es sei, der das Kakao-Spiel brauchte. Und er hat nur um meinetwillen mitgespielt. Am nächsten Tag zog ich Amir an meine Brust und ins Vertrauen: „Sohn", sagte ich, „es ist Zeit, von diesem Unsinn zu lassen. Schluß mit dem Kakao-Spiel! Wir wissen beide, woran wir sind. Komm, laß uns etwas anderes erfinden."

Das Schrei- und Heulsolo, das daraufhin einsetzte, widerhallte im ganzen Wohnviertel. Und was ich erst von Amirs Mutter zu hören bekam!

Die Vorstellung geht weiter. Es gibt keine Rettung. Manchmal ruft Amir, wenn die Stunde da ist, aus dem Badezimmer:

„Papi, kann ich dir schon das Leitungswasser bringen?", und ich beginne daraufhin sofort meinen Teil des Dialogs herunterzuleiern, unerhört, herrlicher Kakao, pfui Teufel, brrr…

Es ist zum Verzweifeln. Als Amir eines Abends ein wenig Fieber hatte und im Bett bleiben mußte, ging ich selbst ins Badezimmer, füllte das Wasser in den Becher und trank ihn aus.

„Reingefallen, reingefallen", rief Amir durch die offenstehende Türe.

Seit neuestem hat er meinen Text übernommen. Wenn er mit

253

dem gefüllten Becher aus dem Badezimmer herauskommt, murmelt er vor sich hin:

„Amir hat schon wieder keinen Tropfen getrunken, das ist ja unerhört, was glaubt der Kerl…“ und so weiter bis brrr.

Ich komme mir immer überflüssiger vor in diesem Haus. Wirklich, wenn es nicht die Hauptsache wäre, daß Amir seinen Kakao trinkt – ich wüßte nicht, wozu ich überhaupt gut bin.

Telefonieren macht Freude

Wenn jemand eine Auslandsreise unternimmt, muß er befürchten, den Kontakt mit seinen Lieben zu Hause zu verlieren. Ab und zu bekommt er von zu Hause einen Brief, der eigentlich nichts weiter enthält als die Mitteilung „Nächstens mehr". Das ist alles...

Aber halt! Es gibt ja das Telefon! Ein nützliches, ein handliches, ein wundersames Instrument, hervorragend geeignet, ohne viel Umstände die Verbindung mit den teuren Zurückgebliebenen herzustellen!

„Teuer" ist das richtige Wort. Ein Gespräch aus New York nach Tel Aviv kostet zum Beispiel acht saftige Dollar pro Minute. Sei's drum. Der Reisende holt tief Atem, greift nach dem Telefon seines schäbigen Hotelzimmers, betätigt mit zitternder Hand die Drehscheibe und lauscht gespannt dem verheißungsvollen „biep-biep-biep", das ihm aus dem Apparat entgegentönt. Das erste Stadium der Fühlungnahme ist erreicht. Ich werde mich kurz fassen. Mein Gespräch mit meiner Frau wird sich auf das Nötigste beschränken. Zu Hause alles in Ordnung? Die Kinder gesund? Ja, mir geht's gut. Ja, ich komme zurück, sobald ich kann. Wart noch mit den Rechnungen, die haben Zeit. Ich umarme dich, Liebste... Das wäre alles, und das kann höchstens drei Minuten dauern.

„Hallo?" Ein süßes kleines Stimmchen klingt mir von jenseits des Ozeans ans Ohr. Es ist Renana, meine Jüngste, mein Augapfel. „Wer ist dort?"

„Hallo, Renana!" brülle ich in den Hörer. „Wie geht's dir?"

„Wer dort?" sagt Renana. „Hallo!"

„Hier ist Papi."

„Was?"

„Papi spricht hier, Renana. Ist Mami zu Hause?"

„Wer spricht?"

„Papi!"

„Mein Papi?"

„Ja, dein Papi. Du sprichst mit deinem Papi. Und Papi will mit Mami sprechen. Bitte hol sie!"

„Warte, warte. Papi? Hörst du mich, Papi?"

„Ja."

„Wie geht's dir?"

„Fein. Mir geht's fein. Wo ist Mami?"

„Bist du jetzt in Amerika, Papi? Nicht wahr, du bist in Amerika!"

„Ja, in Amerika. Und ich hab' große Eile."

„Willst du mit Amir sprechen?"

„Ja. Schön." (Ich kann nicht gut nein sagen, sonst kränkt er sich.)

„Hol ihn. Aber mach schnell. Auf Wiedersehen, Liebling."

„Was?"

„Auf Wiedersehen, hab' ich gesagt."

„Wer spricht?"

„Hol deinen Bruder!"

„Auf Wiedersehen, Papi."

„Auf Wiedersehen, mein Kleines. Bussi."

„Was?"

„Du sollst Amir rufen, zum Teufel!"

„Amir, wo bist du?" Renanas Stimme schrillt in eine andere Richtung. „Papi will mit dir sprechen. Amir! Aaa-miiir!"

Bisher sind sieben Minuten vergangen, sieben Minuten zu je acht Dollar. Man sollte Kinder nicht ans Telefon heranlassen. Acht Minuten. Wo nur dieser rothaarige Bengel so lange bleibt?

„Hallo, Papi!"

„Hallo, mein Junge. Wie geht's dir?"

„Danke gut. Und dir?"

„Auch gut. Alles in Ordnung, Amir?"

„Ja."

„Fein."

Es tritt eine Pause ein. Aber die wichtigsten Dinge sind ja schon besprochen.

„Papi?"

257

„Ja."

„Renana will dir noch etwas sagen."

Vor meinem geistigen Auge erscheint eine Art Zähluhr wie im Taxi, nur größer und mit alarmierend hohen Ziffern, welche ganz schnell laufen. Klick: zwölf Dollar ... Klick: achtzehn ... Klick: vierundzwanzig ... Klick: ...

„Papi? Hörst du, Papi?"

„Ja."

„Gestern ... Weißt du, gestern ..."

„Was – gestern?"

„Gestern ... Amir, laß mich mit Papi sprechen! Papi, Amir will mich wegstoßen!"

„Hol Mami zum Telefon!"

„Was?"

„Mami! Aber schnell!"

„Warte ... gestern ... hörst du mich?"

„Ja, ich höre dich, gestern, was ist gestern geschehen, gestern, was, was war gestern?"

„Gestern war Moschik nicht im Kindergarten."

„Wo ist Mami?"

„Wer?"

„M-a-m-i!"

„Mami ist nicht zu Hause. Hör zu, Papi!"

„Ja?"

„Willst du mit Amir sprechen?"

„Nein. Auf Wiedersehen, Liebling."

„Was?"

„Bussi. B-u-s-s-i!"

„Gestern…"

An diesem Punkt wurde die Verbindung plötzlich unterbrochen. Möglich, daß ich eine unvorsichtige Bewegung gemacht habe und irgendwo angestoßen bin, wo sonst der Hörer aufliegt…

Na schön, dann muß ich eben auflegen.

Aber da klingelt es schon wieder. Um Himmels willen, es wird doch nicht…?

Nein, es ist die Telefonistin:

„Das macht einhundertsechsundsechzig Dollar und siebzig Cent."

Rafi in der Tüte

Als vor Jahren in Tel Aviv der erste Supermarkt eröffnet wurde, kamen viele Leute.

Drei Tage lang vermieden meine Frau und ich es, ebenfalls hinzugehen. Dann konnten wir nicht mehr. Wir hatten gerade noch die Kraft zu einer Vorsichtsmaßregel: Um dem Schicksal einiger unserer Nachbarn zu entgehen, die an einem einzigen Einkaufsnachmittag ihr ganzes Geld verloren, ließen wir unsere Brieftaschen zu Hause und nahmen statt dessen unseren Erstgeborenen Rafi in den Supermarkt mit.

Gleich am Eingang herrschte lebensgefährliches Gedränge. Wir wurden zusammengepreßt – und tatsächlich, da war es auch schon:

„Sardinen!" rief meine Frau entzückt und machte einen Satz direkt an den Verkaufstisch, an dem sich bereits zahllose Frauen balgten. Man hätte an Hand der dort aufgestapelten Sardinenbüchsen eine kleine Weltreise zusammenstellen können: Es gab französische, spanische, portugiesische, italienische, jugoslawische, albanische und einheimische Sardinen, es gab Sardinen in Öl, in Tomatensauce und in Weinsauce.

Meine Frau entschied sich für norwegische Sardinen und nahm noch zwei Dosen von ungewisser Herkunft dazu.

„Hier ist alles so viel billiger", sagte sie.

„Aber wir haben doch kein Geld mitgenommen?"

„In meiner Handtasche habe ich zufällig noch eine Kleinigkeit gefunden."

Mit diesen Worten bemächtigte sie sich eines Einkaufswagens, um die elf Sardinenbüchsen hineinzulegen. Nur aus Neugier, und um zu sehen, was das eigentlich sei, legte sie eine Dose mit der Aufschrift „Gold Syrup" dazu. Plötzlich wurde sie blaß und begann zu zittern:

„Rafi!" brüllten wir beide aus vollem Hals. „Rafael! Liebling!"

„Spielwarenabteilung zweiter Block links", informierte uns eine erfahrene Verkäuferin.

Im nächsten Augenblick zerriß ein betäubender, explosionsartiger Knall unser Trommelfell. Der Supermarkt erzitterte bis in die Grundfesten und neigte sich seitwärts. Wir seufzten erleichtert auf. Rafi hatte sich an einer kunstvoll aufgerichteten Pyramide von etwa fünfhundert Kompottkonserven zu schaffen gemacht und hatte die zentrale Stützkonserve aus der untersten Reihe herausgezogen. Um unseren kleinen Liebling für den erlittenen Schreck zu trösten, kauften wir ihm ein paar Süßigkeiten, Honig, Schweizer Schokolade, und holländischen Kakao. Während ich den Überfluß in unserem Einkaufswägelchen verstaute, sah ich noch eine Flasche Parfüm, ein Dutzend Notizbücher und zehn Kilo rote Rüben liegen.

„Frau!" rief ich aus. „Das ist nicht unser Wagen!"

„Nicht? Na wenn schon."

Ich muß gestehen, daß sie recht hatte. Es war kein schlechter Tausch, den wir da gemacht hatten. Außer den bereits genannten Dingen enthielt unser neuer Wagen noch eine Anzahl verschiedener Käsesorten, Kompotte, Badetücher und einen Besen.

„Können wir alles brauchen", erklärte meine Frau. „Fragt sich nur, womit wir es bezahlen sollen."

„So ein Zufall." Ich schüttelte verwundert den Kopf. „Eben habe ich in meiner Hosentasche die Pfundnote entdeckt, die ich neulich so lange gesucht habe."

Gierig zogen wir weiter, wurden Zeugen eines Handgemenges dreier Damen, deren Laufkarren in voller Fahrt zusammengestoßen waren, und mußten dann aufs neue nach Rafis Verbleib forschen. Wir fanden ihn am ehemaligen Eierverkaufsstand.

„Wem gehört dieser Balg?" schnaubte der Eierverkäufer, gelb vor Wut und Eidotter. „Wer ist für dieses Monstrum verantwortlich?"

Wir schleppten unseren Sohn eilig mit uns, kauften noch einige Haushaltsdinge und kehrten zu unserem Wagen zurück, auf den irgend jemand in der Zwischenzeit ein paar Kisten griechischen Wein, eine Kiste Zucker und mehrere Kannen Öl aufgehäuft hatte. Um Rafi bei guter Laune zu halten, setzten wir ihn oben auf den Warenberg und kauften ihm ein japanisches Schaukelpferd, dem wir zwei Paar Hausschuhe unter den Sattel schoben.

263

Dann angelten wir uns einen zweiten Wagen, stießen zur Abteilung „Fleisch und Geflügel" vor und kauften mehrere Hühner, Enten und Lämmer, verschiedene Wurstwaren, Frankfurter, Kalbsleberpastete, Karpfen, Krabben, Krebse und Lachs. Nach und nach kamen verschiedene Eierkuchen hinzu, Paprika, Zwiebeln, Kapern, eine Fahrkarte nach Capri, Zimt, Vanille, Äpfel, Nüsse, Pfefferkuchen, Feigen, Datteln, Langspielplatten, Erdbeeren, Himbeeren, Brombeeren, Blaubeeren, Haselnüsse, Kokosnüsse, Erdnüsse, Mandarinen, Mandolinen, Mandeln, Oliven, Birnen, elektrische Birnen (sechzig Watt), ein Aquarium, Brot, Schnittlauch, Leukoplast, ein Flohzirkus, ein Lippenstift, ein Korsett und noch ein paar kleinere Anschaffungen.

Unseren aus sechs Wagen bestehenden Zug zur Kasse zu steuern, war nicht ganz einfach, weil das Kalb, das ich an den letzten Wagen angebunden hatte, immer zu seiner Mutter zurück wollte. Schließlich waren wir soweit, und der Kassier begann schwitzend die Rechnung zusammenzustellen. Sie belief sich auf nicht viel mehr als viertausend Mark. Was uns am meisten beeindruckte, war die Geschicklichkeit, mit der die Verkäufer unsere Warenbestände in große, braune Papiersäcke verpackten. Nach wenigen Minuten war alles fix und fertig. Nur Rafi fehlte.

„Haben Sie nicht irgendwo einen ganz kleinen Buben gesehen?" fragten wir die Leute.

Einer der Packer kratzte sich nachdenklich am Hinterkopf.

„Augenblick . . . Einen blonden Jungen?"

„Ja. Er beißt."

„Da haben Sie ihn." Der Packer öffnete einen der großen Papiersäcke. Drinnen saß Rafi und kaute zufrieden an einer Tube Zahnpasta.

„Entschuldigen Sie", sagte der Packer. „Ich dachte, Sie hätten den Kleinen hier gekauft."

Wir bekamen für Rafi zweitausendsiebenhundert Mark zurück und verließen den Supermarkt. Draußen warteten schon die beiden Lastautos.

Inhalt

Wie Amir das Schlafengehen erlernte 5

Die Schlüssel im Klo 12

Steaks für Franzi 16

Der Hund, der Knöpfe fraß 22

Wer nicht fragt, lernt nichts 29

Der quergestreifte Kaugummi 35

Auch die Waschmaschine ist nur ein Mensch 43

Ein Schnuller mit dem Namen Zezi 50

Der Kaktus im Silberrausch 58

Theaterspielen ist lustig 64

Herr Obernik bellt 74

Franzi und der Stammbaum 81

Süße Milch für Pussy 90

Schwierigkeiten mit der Dressur 96

Wettervorhersage: Neigung zu Regenschirmverlusten 107

Auf Mäusesuche 115

Seligs Radio hat Störungen 121

So kleben wir alle Tage 129

Ein schönes Spielchen 134

Renana und die Puppen 142

Amir gewinnt 148

Wie man viele Geschenke bekommt 154

Schokolade auf Reisen 161

Ein Hund springt in die Küche 165

Der störrische Esel 169

Das Riesenbild 176

Auf dem Trockenen 184

»Sag Schalom!« 191

Zahnschmerzen 197

Jeden Abend weiche Eier 204

Der Ameisenkrieg 212

Papi als Schwimmlehrer 219

Ein wirklicher Astronaut 225

Das Wunderkind 232

Amir will nicht in den Kindergarten 238

Durch den Kakao gezogen 245

Telefonieren macht Freude 255

Rafi in der Tüte 261

Christine Nöstlinger

Die drei Posträuber

Die Mupferbande macht eine schreckliche Entdeckung: seit gestern ist die zehnjährige Ivonka abgängig. Bisher fehlt jede Spur. Wäre doch gelacht, wenn es den Mupfern nicht gelingt, die kleine Ivonka zu finden.

144 Seiten, geb.